À nous de jouer !

STÉPHANE

HESSEL

À nous de jouer !

Appel aux indignés de cette Terre

Propos recueillis par Roland Merk

DOCUMENT

*Traduit de l'allemand
par Nathalie Huet*

Titre original
AN DIE EMPÖRTEN DIESER ERDE !
VOM PROTEST ZUM HANDELN

Éditeur original
Aufbau Verlag GmbH and Co. KG

Biographie des auteurs

Stéphane Hessel, né en 1917, a été déporté à Buchenwald en 1944 en tant que combattant de la Résistance ; il survécut à trois camps de concentration. Par la suite, il se donna comme devoir moral de mettre sa vie au service des droits de l'homme. Il fit des études de philosophie puis commença une carrière diplomatique. À l'ONU, il s'engagea pour des idéaux auxquels il se sent lié depuis toujours : un monde sans bombe atomique, sans camps de concentration et sans impérialisme –, un monde dans lequel on respecterait les droits de l'homme. À la fin de sa carrière professionnelle, nommé ambassadeur de France, Hessel est resté politiquement actif, appelant au droit et à la justice, à la responsabilité et au courage civique. Son message a un formidable écho, comme en témoigne l'extraordinaire succès d'*Indignez-vous !* (Indigène éditions, 2010) et d'*Engagez-vous !* (Éditions de l'Aube, 2011).

Roland Merk, né en 1966, a fait des études de philosophie à Berlin. Écrivain et journaliste, il vit à Bâle et à Paris. C'est dans le cadre du Tribunal Russell sur la Palestine qu'il fit la connaissance de Stéphane Hessel. Son œuvre se compose d'essais et d'une pièce de théâtre sur le conflit au Proche-Orient : *L'Expulsion, une pièce documentaire en quatre fragments sur la Nakba*. Il est également l'auteur d'un recueil de poèmes intitulé *Vent sans nom*. Récemment, il a publié le livre *Arabesques de la révolution. Jours de colère à Tunis, au Caire…*

Préface
à l'édition française

En ce début de XXIe siècle, on a de nouveau l'impression que toutes les espérances de l'humanité au nom desquelles des générations entières se sont insurgées sont désavouées ! Tout se passe comme si Dieu avait créé au cinquième jour les employés et les travailleurs, puis au sixième les banquiers et les magnats de la finance, pour se reposer le dimanche en disant aux princes de l'argent : « Régnez sur vos citoyens et multipliez les richesses ! »[1]

Bien moins unis que nos pères et nos mères, bien moins combatifs que nos aïeux qui exprimèrent leurs revendications dans la rue, souvent fourbus par la misère quotidienne, nous avons presque perdu de vue ce qui nous donne confiance et force : oser encore s'attaquer aux grands rêves de l'humanité !

L'argent sans âme chuchote mesquinement, les administrateurs dépourvus d'imagination ainsi que les médias nous murmurent que la crise va encore nous obliger davantage à nous serrer la ceinture et nous peignent un avenir incolore tout en parlant de responsabilité et d'un surcroît d'activités pour chacun, du nécessaire recul des acquis sociaux... et toujours et encore de la cure d'austérité. Ils savent pourtant que la pauvreté ronge la France et l'Europe à cause de cette politique, jusque dans les classes moyennes de nos sociétés. Quand, en plus, des oasis fiscales et des paradis financiers font saigner, tels des vampires, des économies nationales entières parce que les impôts n'apportent pas suffisamment de recettes, quand des agences de notation privées ramènent des pays entiers au rang de camelote et les conduisent dans le précipice, alors l'argent n'est plus un moyen mais une fin en soi. Mais nous savons aussi ce que nous devons penser de leur conception de la « responsabilité »... qui s'avère de l'égoïsme pur !

Oui, un fantôme parcourt aujourd'hui à nouveau l'Europe – le fantôme de ce que nous appellerions le « précariat », cette nouvelle classe aux contours flous, dont la population se caractérise par sa situation socio-économique et professionnelle précaire. C'est pour cela que nous faisons cet appel : Attention aux dérives ! Préservez-vous d'un monde où l'inégalité s'accroît entre les pauvres et les riches et où la pauvreté est considérée comme normale. Réveillez-vous, car l'indifférence n'est pas bonne ! Ouvrez les yeux pour voir vos rêves avec clarté et précision !

Oui, le monde marche sur la tête ! On nous demande de travailler plus mais de gagner moins d'argent. On nous demande d'en finir avec la solidarité parce que la concurrence, quel que soit son coût, doit donner le ton de la musique nouvelle pour soi-disant garantir la richesse. La vérité est que si cela continue ainsi, ce sont nos démocraties qui seront remises en cause. Tant que le capital passe avant les individus, tant que l'individu n'est que l'esclave de l'argent ainsi que sa victime, la paix n'est ici qu'une apparence. Elle se fait au détriment de tous ceux qui n'entrent pas dans le système et aussi, ne l'oublions pas, de la Nature ! Mais si le monde n'est plus qu'un tableau gris sur gris[2], nous devons saisir un pinceau et nous emparer de nouvelles couleurs ! Si la jeunesse européenne n'a pas d'avenir, l'Europe n'en aura plus non plus ! Allons donc de l'avant avec les moyens pacifiques que la démocratie nous donne avant qu'il ne soit trop tard !

Oui, l'humanité est sur la voie d'une authentique « société mondiale » mais, pour le moment, seul le capital est vraiment mondial. Il nous manque comme toujours un système d'institutions suffisamment évolué, légitime et compétent à l'échelle mondiale. Ce sont encore beaucoup plus le mal et la souffrance qui nous lient qu'une paix globale correspondant aux principes de droits de l'homme appliqués partout dans le monde et au bien-être de tous les individus. C'est pourquoi il est bon de s'indigner et de s'engager, tant que la pauvreté et l'injustice politique s'amplifient. Mais cela nécessite également – et c'est le message de ce nouvel ouvrage – responsabilité et compassion (un élément auquel nous attachons une importance particulière) afin de devenir de vrais citoyens d'une société mondiale vraie et pacifique !

Nous savons tous, nous les habitants de cette planète, que nous ne disposons que de cette seule et unique Terre. C'est bien pour cela que nous devons prendre soin de ses populations plutôt que de les exploiter sans ménagement. Ne perdons pas plus de temps, unissons-nous et prenons ensemble la voie de la société mondiale ! Il n'est pas possible d'arrêter le cours du temps, ce fleuve puissant qui ne se laisse retenir sans dommages. Les hommes construisent des murs, que ce soit au nom d'une politique inhumaine ou au nom de l'argent, mais ceux-ci finiront par tomber. Démocratie et participation, droits de l'homme et bien-être social sont des besoins de tous les peuples. Qui ne les respecte pas doit compter avec l'indignation. Allons plus loin, plus vite ! Profitons de l'opportunité du moment quand la gauche en France dispose, comme cela ne lui était pas arrivé depuis longtemps, de tant de pouvoir ! Soyons un exemple et battons-nous pour une Europe sociale, pour un monde social !

Chères lectrices, chers lecteurs, beaucoup des problèmes évoqués dans ce livre ne peuvent être résolus que si nous agissons ensemble et unis. Le temps presse, mais il y a une issue, celle des courageux, de ceux qui ont confiance. Et nous voudrions ici prendre congé avec ces vers de Roland Merk :

« Seuls ceux
qui ne savent pas
reconnaître le début de quelque chose
craignent la fin
de tout. »

Oui, nous avons besoin d'indignation, de responsabilité et de compassion.

Stéphane Hessel et Roland Merk

Un rebelle plein de compassion

Par Roland Merk

Je revois encore très bien cette scène dans ma mémoire : je suis debout dans le grand hall de la gare centrale de Zurich et j'attends l'arrivée de Stéphane Hessel. De grands panneaux électroniques montrent des publicités pour le progrès éternel, tandis qu'à intervalles réguliers se profile la sombre réalité ; des caractères aux couleurs criardes, encore rehaussées par l'intensité des néons, annoncent : « La dernière barrière de protection contre la crise de la dette » – « La troïka européenne se montre confiante » – « La Grèce avant la sortie » – « Des milliards d'euros pour le plan de sauvetage » – « Le chômage des jeunes en Espagne n'a jamais été si élevé » – « L'agence de notation menace de retirer le triple A » – « Occupy Wall Street se défend ! ».

Une époque qui marche sur la tête, avec des images de jeunes gens du monde entier se révoltant contre la misère : *Indignez-vous ! ¡ Indignaos ! Indignatevi ! Time for Outrage ! Empört Euch !*

C'est une belle journée de l'automne 2011 et dans une lumière en contre-jour je vois entrer en gare le TGV avec, à bord, de la matière révolutionnaire : l'invité d'honneur, le fameux orateur en provenance de Paris. Stéphane Hessel sort de la foule, le visage incroyablement rayonnant. Nous nous saluons chaleureusement. Très vite, nous entamons la conversation alors qu'il traîne derrière lui une petite valise noire à roulettes – ce qu'il tient absolument à faire lui-même.

« Quel est l'ordre du jour ? *Wie sieht der Ablauf des Tages aus ?* » demande-t-il non sans impatience mais de façon charmante, passant sans effort d'une langue à l'autre de sa voix si douce.

Stéphane Hessel est un homme plein d'allant. « Quel est le programme ? Qu'allons-nous faire cet après-midi ? À quelle heure dois-je prononcer mon discours ce soir ? Avez-vous suivi les derniers résultats des négociations à Bruxelles sur la crise de la dette ? »

Je lui demande, ainsi qu'à son épouse, s'ils ne sont pas fatigués du voyage et s'ils ne veulent pas d'abord passer à l'hôtel. Mais il n'en est pas question ! Je leur montre donc Zurich et leur fais part de la décision qui a été prise le matin même à Bruxelles pour tenter de résoudre cette crise. Puis il me surprend en m'interrogeant sur le mouvement Occupy Paradeplatz qui vient de se former à Zurich – incroyable, la manière dont cet homme de 94 ans s'informe du moindre détail afin de se faire une idée précise de l'état de ce monde !

Pour finir, j'accompagne Stéphane Hessel et son épouse à l'hôtel St. Gotthard, situé dans la célèbre Bahnhofstrasse (rue de la Gare) de Zurich, où des capitaux de toutes les couleurs et du monde entier sont entreposés discrètement dans des bâtiments bancaires d'allure modeste.

Je m'étais déjà fait une première idée de cet homme ouvert sur le monde et de sa façon de s'intéresser aux gens lorsque j'avais fait sa connaissance, à Bruxelles et à Barcelone, lors de réunions du Tribunal Russell sur la Palestine, et cette impression se confirmait désormais à Zurich. Stéphane Hessel va à la rencontre des gens, il est tout à leur écoute et leur porte un réel intérêt, il s'adresse à eux en tant qu'individus à part entière et obtient ainsi en retour des réponses authentiques.

Nous n'avons pas passé cinq minutes à l'hôtel : à peine s'est-il présenté à l'accueil qu'il engage une conversation à la fois vive et cordiale avec le personnel de la réception. Peu après, une autre employée assure à cet homme au manteau beige froissé qui doit quitter l'hôtel à l'aube que cela ne lui posera pas de problème de prendre son service une heure plus tôt que d'habitude pour préparer le petit-déjeuner. Elle apprendra seulement par la suite qu'il n'est autre que ce vieil homme célèbre qui invite ses contemporains à s'indigner parce que leur dignité est chaque jour un peu plus remise en question.

Stéphane Hessel semble posséder les clés qui ouvrent le cœur des hommes. Comment peut-on expliquer autrement qu'il ait pu trouver un écho dans le monde entier avec un petit livre d'à peine trente pages ? Visiblement, il touche, à l'aide de ses paroles et de ses convictions, le nerf de l'époque, et *a fortiori* la corde sensible des gens. Il montre au sceptique aussi bien qu'au cynique que l'impossible est possible si on mobilise le courage nécessaire. Stéphane Hessel, le rebelle de toute une époque – la durée de sa vie se confond avec le XXᵉ siècle –, nous prend par la main dans ses dernières années et nous montre le chemin qui mène au XXIᵉ siècle. Avec son expérience de l'Histoire, lui l'ancien résistant français survivant de Buchenwald, lui qui a assisté à la rédaction de la Déclaration universelle des droits de l'homme, démontre que la confiance, la force, le courage, l'amour, la compassion, la fraternité et la solidarité ne sont pas de vaines paroles, mais les propriétés d'une vie réussie, qui doivent justement être aujourd'hui défendues face aux diverses crises qui nous touchent. Après le discours qu'il a prononcé ce 27 octobre 2011 à Zurich, j'ai eu l'occasion d'interroger Stéphane Hessel à plusieurs reprises, chez lui à Paris, et j'ai pu apprécier les qualités de ce brillant interlocuteur. Il se souvient parfaitement des thèmes abordés lors d'une rencontre précédente et du sujet par lequel l'entretien s'est terminé. Ainsi, nos discussions ont pu s'enchaîner de façon naturelle, comme si le temps ne s'était pas écoulé entre les séances. Nous parlons tout d'abord en français puis continuons nos échanges en allemand, à sa demande, car notre livre *À nous de jouer !* doit paraître, à l'instar de son discours de Zurich, dans sa langue maternelle. Je voudrais qu'il me dise comment les pensées qu'il a émises dans *Indignez-vous !* et *Engagez-vous !* doivent être comprises dans le contexte des événements actuels. Qu'est-ce que la « compassion » ? Qu'est-ce que l'« interdépendance » ? Comment doit-on comprendre le Printemps arabe ? Qu'est-ce qui est vraiment nouveau dans notre époque ? Face à quels dangers et à quels défis nous trouvons-nous ? À quelles sources d'inspiration se nourrissent ses convictions ? Patiemment, dans une grande concentration, Stéphane Hessel expose ses idées : elles s'inscrivent dans un ensemble cohérent, méthodiquement et finement tissé qui donne des réponses à la « société mondiale » en cours de développement.

Il parle avec un léger accent français et le parler berlinois fait aussi quelques incursions ponctuelles ; l'on sent immédiatement que, malgré la gravité des expériences qu'il a vécues sous le régime nazi, son amour de la langue allemande – langue des poètes et des penseurs que furent Hölderlin, Goethe, Heine, Hegel et Kant – est resté intact.

Comme pour Martin Buber ou Emmanuel Levinas, le dialogue n'est pas pour lui un simple moyen d'exposer des contenus ; converser avec celui qui lui fait face est un acte essentiel, le dialogue est pour lui une forme constitutive de toute chose qui lui permet aussi de se dépasser. Dans le discours de Hessel, la forme compte autant que le contenu ; ce dernier ne peut être parfaitement compris que si l'on entend en même temps sa voix qui apporte de l'assurance, de la chaleur et de la confiance. Hessel est un Socrate moderne qui ne rencontre pas seulement les individus à travers une parole écrite, mais aussi à travers un libre échange d'idées. Alors que nous parlons de la crise de l'humanité en général et d'exemples particuliers, la sombre réalité revient dans mes pensées sous forme de caractères vacillants aux couleurs criardes : crise de la dette, chômage, mesures

économiques d'austérité, New Deal, krach boursier, Occupy Wall Street, Palestine, *Nakba*, catastrophe climatique, guerre, faim, néolibéralisme...

Face à cette marée de problèmes, Stéphane
Hessel avance de façon mûrement réfléchie les
termes de « réforme de la pensée », « solidarité »,
« dialogue », « dignité humaine », « interdépendance », « compassion », « métamorphose de
l'humanité », « bien commun », « société mondiale ». Comme un leitmotiv philosophique, le
concept de « droit » apparaît dans tous ses arguments. Devant la complexité des choses qui nous
donne cette sensation d'impuissance ou nous fait
désespérer, Hessel garde la tête froide : « C'est le
droit qui nous lie tous et nous fait avancer dans
l'Histoire ; qui choisit la régression le fait au prix
du non-droit et de la barbarie. »

Être à la hauteur de cette époque – voilà ce qu'il
revendique. Et cela veut dire aussi : être à la hauteur de cette société mondiale que nous consti-
tuons. Indignation et engagement, bien sûr, il les
représente, mais il ne défend pas une action irré-
fléchie, bien plutôt une action raisonnée et non
violente. C'est ce que dit un homme qui a
combattu dans la Résistance contre les nazis, c'est
ce que dit un homme qui est convaincu que nous
pouvons trouver les moyens démocratiques cor-
respondants à cette forme d'indignation dans nos
acquis, que nous devons défendre contre leurs
détracteurs, mais que nous devons également
consolider.

Stéphane Hessel ose le premier pas, il ne jette
pas la première pierre. Il est le grand mobilisateur
et l'inspirateur d'une humanité qui avance sur le

chemin de la société mondiale. Son approche s'inspire de la voie de la non-violence de Gandhi. Nous avons affaire à quelqu'un que l'on peut associer sans hésiter à des noms de personnes engagées ou de défenseurs des droits de l'homme, à des personnalités aussi différentes que Martin Luther King, Václav Havel ou le Dalaï-Lama, qu'il a rencontré récemment. Éminent diplomate et en même temps amoureux de la poésie, il réussit à concilier les choses les plus hétéroclites. La poésie est pour lui la voie royale pour mener au cœur de l'individu, elle fixe le cap, celui que la philosophie et la politique, la raison et l'intelligence doivent ensuite mettre en pratique. Il n'est pas contre la philosophie, bien au contraire, mais celle-ci doit être une philosophie du cœur, ni vide ni aveugle.

L'appel de Stéphane Hessel – « Montrez et ayez plus de compassion ! » – n'apparaît pas ainsi comme une exigence romantique, mais se situe dans une tradition allant de Jean-Jacques Rousseau à Arthur Schopenhauer en passant par Karl Marx, et rend visibles les blessures qui frappent la société. La froideur, les relations assujettissantes et indignes entre les pauvres et les riches, entre les acteurs du capital et les ressources humaines sans valeur actionnariale, entre les fonctionnaires de l'État appliquant une politique d'austérité et leurs victimes qui représentent l'équivalent de nations entières, entre l'Occident et le reste du monde qui ne compte guère – voilà à quoi s'oppose la compassion que réclame Hessel. « Tant qu'il y aura des mendiants, le mythe subsistera », peut-on lire dans un fragment du *Livre des passages* de Walter Benjamin, et l'on voudrait ajouter : l'utopie subsistera ! Car c'est la devise de Walter Benjamin comme de Stéphane Hessel, qui l'a connu personnellement. Qu'il soit dit à ceux qui traitent Hessel de citoyen en colère, à ceux qui méprisent les discours simples, que la simplicité peut paradoxalement être le fruit d'une riche expérience et que la complexité ne doit pas être un prétexte pour ne rien faire. Après *Indignez-vous !* le nouveau message de Stéphane Hessel aux indignés de cette planète est : « Changez ce monde, éprouvez de la compassion et soyez les citoyens d'une authentique société mondiale. Tu dois changer ta vie ! Pourquoi es-tu indigné ? Parce que tu n'as pas encore changé ta vie. »

Il n'y a d'autre voie que celle de l'amélioration, c'est la quintessence de la situation actuelle, c'est le message de cet orateur doué, capable de remplir des salles entières. Stéphane Hessel fait une forte impression sur les gens qui ont pu le rencontrer personnellement. Son enthousiasme est – pour reprendre les termes d'Emmanuel Kant – un critère d'authenticité et de vérité. Stéphane Hessel, en tant que véritable citoyen du monde, nous montre la voie de cette nouvelle « Terre Patrie ». Il ne s'agit pas de parler de « culture dominante », il ne fait pas partie de ceux qui croient qu'ils se discréditeront en envisageant positivement la société mondiale qui s'annonce. Ce beau jour d'automne 2011, il se rend à Zurich à l'invitation de l'Association Suisse-Palestine et du conseiller national Daniel Vischer. La salle est bondée lorsqu'il prononce ce soir-là son discours intitulé « Appel aux indignés de cette Terre », suivi d'une discussion avec l'ancien correspondant au Proche-Orient et animateur à la télévision suisse André Marty ainsi que de nombreuses questions du public. Un dialogue vivant s'est instauré avec des citoyens responsables à propos de leur avenir et de la manière dont ils veulent le voir prendre forme. La figure de l'utopie ? Ce soir-là, dans cette salle, elle est bel et bien palpable.

Ensuite, le cœur léger, nous nous sommes rendus au restaurant avec Stéphane Hessel et son épouse. Je me suis de nouveau demandé si le vieux monsieur, à la fin d'une journée bien remplie, ne souhaitait pas rapidement retourner à l'hôtel. Bien au contraire ! Satisfait, Stéphane Hessel s'assoit devant une grande assiette de spaghettis et boit un verre de vin avec nous. Quel âge avons-nous donc face à ce jeune homme de 94 ans qui, en guise de leçon pour l'avenir, nous récite par cœur, avant de nous quitter peu avant minuit, un extrait du *Chant du destin d'Hypérion* de Friedrich Hölderlin ? !

À nous de jouer ! – avec ce titre, Stéphane Hessel nous montre une fois de plus à quel point ses idées sont en phase avec notre époque. Après *Indignez-vous !* et *Engagez-vous !* il développe dans son discours de Zurich, dans son dialogue avec le public puis avec son interlocuteur et éditeur, toute la richesse de sa pensée à la hauteur des dangers de notre époque. *À nous de jouer !* est un appel à la société mondiale qui s'annonce, dans lequel Stéphane Hessel envisage l'avenir avec de nouvelles solutions. Allons donc de l'avant avec lui !

Roland Merk
Paris, Bâle et Contra, juin 2012

Friedrich Hölderlin,
Hyperions Schicksalslied (1797)

Ihr wandelt droben im Licht
  Auf weichem Boden, selige Genien !
    Glänzende Götterlüfte
    Rühren euch leicht,
      Wie die Finger der Künstlerin

Schicksallos, wie der schlafende
  Säugling, atmen die Himmlischen ;
    Keusch bewahrt
     In bescheidener Knospe,
      Blühet ewig
       Ihnen der Geist,
        Und die seligen Augen
       Blicken in stiller
        Ewiger Klarheit.

Doch uns ist gegeben,
  Auf keiner Stätte zu ruhn,
   Es schwinden, es fallen
   Die leidenden Menschen
    Blindlings von einer
    Stunde zur andern,
     Wie Wasser von Klippe
      Zu Klippe geworfen,
       Jahr lang ins Ungewisse hinab.

Chant du destin d'Hypérion

Vous avancez là-haut dans la lumière
  Sur un sol tendre, bienheureux génies ;
    Les souffles scintillants des dieux
     Vous effleurent à peine,
      Ainsi les doigts musiciens
      Les cordes saintes.

Les habitants du Ciel vivent purs de Destin
  Comme le nourrisson qui dort ;
    Gardé avec pudeur
     En modeste bouton,
      L'esprit éternellement
      Fleurit en eux.
       Et les yeux bienheureux
        Considèrent la calme
        Éternelle clarté.

Mais à nous il échoit
  De ne pouvoir reposer nulle part.
    Les hommes de douleur
     Chancellent, tombent
      Aveuglément d'une heure
      À une autre heure,
       Comme l'eau de rocher
       En rocher rejetée
        Par les années dans le gouffre incertain.

(in *Hypérion ou l'Ermite de Grèce*,
traduction française de Philippe Jaccottet,
Gallimard, 1965)

Appel aux indignés de cette Terre
de cette Terre

Discours de Zurich

Par Stéphane Hessel

Je voudrais tout d'abord souligner à quel point je suis heureux d'être à Zurich. Pour moi, Zurich – et bien sûr la Suisse dans son ensemble, mais Zurich tout particulièrement – est un lieu où l'on s'intéresse à la marche du monde. On l'a vu à nouveau ces jours-ci avec le mouvement Occupy Paradeplatz, qui va un peu dans le sens de ce que j'ai essayé de mettre en action tout au long de cette année.

Il y a quelque temps, je me trouvais avec des amis de la Résistance en Savoie où nous nous adressions à un groupe de trois mille personnes, leur disant ceci : attention, les valeurs fondamentales de la Résistance qui en leur temps avaient été revendiquées par les Français, ces valeurs de la démocratie et des droits de l'homme, ces valeurs de combat contre le féodalisme des puissances financières sont en danger. Nous, combattants de la Résistance, nous sommes engagés après la Seconde Guerre mondiale pour la sécurité sociale. À l'époque, tous les groupes, toutes les mouvances de la Résistance publièrent ce programme qui fut soutenu aussi bien par la gauche que par le centre et la droite. Nous nous sommes tous unis autour de ce projet et avons déclaré : ces valeurs devront être reprises à l'issue de la guerre !

Puis la guerre a pris fin et quelque chose de très important s'est profilé à l'horizon : c'étaient les Nations unies, l'ONU. L'ONU était un enfant de la Seconde Guerre mondiale. Elle incarnait l'exact contraire de ce qui nous avait fait souffrir. Nous avions très envie que l'ONU soumette son programme au monde entier, comme cela avait été le cas pour le programme de la Résistance française. Et c'est ce qu'elle a fait en 1948.

J'étais personnellement présent lors de la proclamation de la Déclaration universelle des droits de l'homme à Paris le 10 décembre 1948. Et c'est précisément cette année-là qu'Israël fut porté en tant qu'État sur la scène internationale par les Nations unies. Sans les Nations unies, Israël n'aurait jamais existé, seule l'ONU a rendu possible cette situation. Les malheureux juifs qui avaient vécu le pire, la Shoah, pendant la Seconde Guerre mondiale, devaient désormais avoir un État ! C'est pour cela que nous étions tous favorables à sa création et que nous la soutenions, bien sûr, totalement. Nous disions aussi que cet État devait naturellement se situer là où Israël et Jérusalem avaient été au faîte de leur gloire il y a deux mille ans. Il est vrai, nous disions-nous, que des Palestiniens, des Arabes sont déjà là. Mais, d'une façon ou d'une autre, ils doivent partir. D'une façon ou d'une autre, on y arrivera, ce ne sera pas facile mais on essaiera. Et c'est ainsi que naquit l'État d'Israël.

À l'époque, nous en étions tous très heureux et nous nous disions : les juifs ont enfin un État ! Mais ensuite, vingt ans plus tard, à l'issue de la guerre des Six-Jours, Israël est devenu un pays colonisateur ; depuis lors, Israël occupe la Cisjordanie et la bande de Gaza. C'est quelque chose que nous, qui défendons le droit international, ne pouvons accepter. Je suis ainsi très heureux d'avoir été invité à Zurich par l'Association Suisse-Palestine.

Je vais vous dire tout de suite ce qui me préoccupe particulièrement, car j'assisterai dans quelques jours en Afrique du Sud à la troisième session du Tribunal Russell sur la Palestine[1]. La première session a eu lieu il y a deux ans à Barcelone, la deuxième il y a un an à Londres et la troisième se tiendra en novembre au Cap.

Je pense que nous sommes responsables des valeurs fondamentales qui se trouvent dans la Déclaration universelle des droits de l'homme. Nous avons une responsabilité envers ces valeurs que le Conseil de sécurité des Nations unies ne cesse de mettre en avant. Nous ne devons pas accepter que les Palestiniens aillent mal parce que personne ne les défend vraiment. Ils ont beaucoup souffert de l'occupation israélienne. Ils ont tenté de mettre en place de vraies élections et de construire une démocratie. Mais en même temps, tout cela est impossible dans la situation où ils se trouvent depuis maintenant plusieurs décennies ! En 1948, ils ont souffert pendant la guerre israélo-arabe d'un effroyable exode, sans précédent, que les Palestiniens appellent la *Nakba*, la catastrophe, en arabe. Nous devons maintenant nous révolter contre cela.

C'est le rôle du Tribunal Russell sur la Palestine, qui s'inspire du Tribunal Russell sur le Vietnam. Ce dernier vit le jour dans les années où l'Amérique menait cette terrible guerre contre le Vietnam. Le Tribunal a délibéré et a jugé que l'Amérique avait tort et que les Vietnamiens devaient être défendus. La situation est similaire aujourd'hui : l'Amérique n'est pas assez ferme avec son partenaire israélien, et c'est pour cette raison que les Palestiniens vont toujours aussi mal.

Ma colère sur ce qui se passe là-bas fait l'objet d'une partie du petit livre *Indignez-vous !* qui a eu un tel retentissement dans beaucoup de pays. La *dignité* qui ressort du titre est la chose la plus importante pour moi : on doit pouvoir préserver ses valeurs et sa dignité justement, et si celle-ci n'est pas admise quelque part, alors on doit s'indigner. En allemand, le titre du livre a été traduit par *Empört Euch !*, en espagnol par *¡ Indignaos !* et en italien par *Indignatevi !*

Cet opuscule a été publié il y a un an, à l'automne 2010, par une maison d'édition de Montpellier, Indigène éditions. Il n'était pas cher et se distribuait facilement. Un très joli petit livre. Nous nous étions dit qu'il pourrait peut-être intéresser les Français. Nous avons donc prévu un tirage à 8 000 exemplaires en pensant que cela serait suffisant. Mais ce ne fut pas le cas. Il se vendait de plus en plus : tout d'abord plusieurs centaines de milliers d'exemplaires, puis un, puis deux millions. Aujourd'hui encore, on le trouve à Paris sur les listes des meilleures ventes et nous nous approchons des trois millions d'exemplaires vendus en langue française. Il a été en outre traduit dans une trentaine de langues, étonnamment aussi dans des pays comme la Suède, la Corée du Sud, l'Argentine, le Brésil ; bien entendu ici aussi, en Suisse, ainsi qu'en Allemagne et en Autriche. On trouve maintenant ce petit livre partout dans le monde ! Qu'est-ce que cela signifie ? Je suis naturellement très fier de voir qu'une trentaine de pages dont je suis l'auteur remportent un succès aussi extraordinaire ! Mais, dans le même temps, je suis également un peu anxieux, car je me demande comment va être compris un tel texte. Va-t-on simplement lire le titre et se dire : « Oui, allons-y ! Nous devons nous indigner, nous devons nous battre ! » Ou va-t-on vraiment lire le texte ? Car tout y est décrit très précisément. Nous sommes au début du XXIe siècle. Quels sont désormais les dangers qui doivent non seulement nous indigner, mais contre lesquels nous devons aussi nous engager ?

La première chose qui nous menace et qui est grave est l'existence, d'un côté, d'un petit groupe, ce « un pour cent[2] » de la population peut-être, incroyablement riche et détenteur du pouvoir grâce à son argent et à son influence politique, alors que, de l'autre côté, il y a des gens qui ont peu ou pas du tout de pouvoir. Parmi eux, beaucoup souffrent de la faim, de la pauvreté... C'est quelque chose de terrible ! Il y a toujours eu des riches et des pauvres dans le monde. Il n'y a pas de société où tous les individus sont égaux. On l'a tenté avec la révolution communiste de 1917, l'année de ma naissance, et nous savons où cela a mené. Mais les inégalités peuvent devenir si terribles que l'on doit maintenant craindre que cela continue ainsi !

Les Nations unies ont publié hier un rapport annonçant que nous étions désormais sept milliards d'individus et que nous serons peut-être neuf milliards dans quelques années. Au moins un tiers de cette population mondiale travaille dans des conditions inhumaines et vit dans une misère totale, dans l'impossibilité de se nourrir correctement. C'est une très grande menace que nous devons identifier, reconnaître et contre laquelle nous devons nous engager !

Le deuxième danger, tout aussi grave, peut-être même encore plus grave, concerne notre Terre, la planète que nous avons surexploitée, sans penser à l'avenir. Si cela continue, il sera trop tard dans quelques années pour prendre des mesures correctives déterminantes et efficaces à long terme ! L'eau ne va pas suffire et la consommation énergétique va augmenter à tel point qu'une pollution catastrophique de notre environnement en sera la conséquence inévitable.

Ces menaces sont bien présentes. On doit les identifier, c'est la finalité du petit livre *Indignez-vous !* Il les met en évidence et en appelle à l'indignation pour y faire face. Un deuxième volume, intitulé *Engagez-vous !*, souligne qu'on ne doit bien sûr pas se contenter de s'indigner, mais qu'on doit aussi s'engager pour remédier à ces menaces.

Le troisième danger, auquel je voudrais encore faire brièvement allusion avant que nous passions au débat, est celui du terrorisme. Nous souffrons depuis maintenant dix ans d'une épouvantable peur du terrorisme. Les terroristes ont toujours existé, causant des événements effroyables. Mais voici le problème : depuis dix ans, depuis la destruction des deux tours à New York, nous pensons qu'il existe une organisation terroriste s'appelant al-Qaida, liée à l'islam – certains de ses membres ont été tués depuis. On en déduit que l'islam lui-même peut devenir très dangereux et que nous devons conjurer cette présumée menace. Il s'agit là, bien sûr, d'une façon erronée de s'emparer du problème, car c'est ainsi qu'on en vient à intervenir militairement en Afghanistan pour tuer les talibans. Or, ce n'est pas cela qui éliminera le terrorisme !

Nous devons voir dans le terrorisme l'effet d'une haine éprouvée par des individus qui se sentent traités sans respect, éprouvant une haine contre des gens issus du fameux « un pour cent » de la population et qui déterminent tout. Ces personnes vivent dans de grandes difficultés et les terroristes pourront toujours remobiliser d'autres individus auxquels ils diront : « Vous devez maintenant frapper sur cet horrible Occident ! »

Comment pouvons-nous surmonter cette situation ? La seule solution est d'améliorer nos connaissances sur les autres cultures. Mais, pour cela, nous devons respecter les différentes cultures du monde. Nous devons préparer un monde futur fondé sur la compassion. Une nouvelle forme d'éducation est pour cela nécessaire, qui ne mène pas à l'égoïsme, à une attitude du « en-vouloir-toujours-plus » ou du « s'opposer-aux-autres » pour être le meilleur et le plus fort. Non, nous devons ressentir de la compassion pour tous ceux qui vivent sur cette Terre ! C'est, je crois, quelque chose que l'on a toujours beaucoup encouragé en Suisse. Ici, au moins trois ou quatre cultures différentes sont habituées à se côtoyer dans la compassion. Bien entendu, il y a ici aussi encore des choses à faire, c'est le sentiment incarné par le mouvement Occupy Paradeplatz. Mais pour un Français, l'exemple de la Suisse en matière de démocratie est très important et porteur de beaucoup de chance. Je pense que c'est un grand privilège de vivre dans un pays comme la Suisse, où l'on reconnaît cette compassion.

Mais dans le monde entier, il semblerait actuellement qu'il n'y ait plus d'alternative au capitalisme, qu'il ne reste plus que ce capitalisme néolibéral, devenu si fort et si dérégulé que la situation ne peut plus aller que de mal en pis. Hier, tous nos gouvernements – à l'exception du gouvernement suisse – étaient réunis à Bruxelles pour essayer de trouver une voie pour en sortir, mais ils ne l'ont pas encore trouvée. Cela prendra encore du temps et il faut espérer que cette issue sera découverte un jour. Mais la situation actuelle signifie aussi que nous avons un droit à l'indignation et à la revendication, notamment la nouvelle génération qui veut un monde dans lequel ces grandes menaces seraient reconnues et combattues pacifiquement pour mieux les faire disparaître.

Tout cela est décrit à peu près de cette façon dans ce livre de trente pages. Mais après avoir lu cet opuscule et montré sa volonté de s'engager, il convient bien sûr de poursuivre la réflexion avec *Engagez-vous !* De grands sociologues, des philosophes ou des hommes réfléchissant sur la politique comme le Suisse Jean Ziegler[3] ou le Français Edgar Morin[4], auteur du livre *La Voie, pour l'avenir de l'humanité*, nous offrent aussi des opportunités de poursuivre la réflexion.

Dans un monde interdépendant, nous sommes tous liés les uns aux autres. Désormais, aucun problème ne peut être réglé par un seul pays, même la Suisse ne peut y arriver. On a parfois l'impression que, oui, la Suisse, elle, est capable de s'organiser toute seule. Elle n'a pas besoin des autres, elle a toujours été neutre dans les guerres et peut ainsi continuer sa vie bonne et tranquille sans devoir s'intéresser à ce qui se passe au-delà de ses frontières. C'est évidemment complètement faux ! Que le pays soit bien dirigé ou qu'il soit puissant, il n'y a plus de solution valable pour un seul pays, qu'il s'agisse des États-Unis, d'Israël ou de la Suisse. Aucun pays ne peut désormais espérer avancer seul, sans lien avec l'ensemble de la société mondiale. Voilà ce qui est nouveau à notre époque ! Nous devons tous en faire l'apprentissage et nous engager ensemble.

Nous devons bien entendu tout d'abord nous indigner. Il n'est pas bon d'être satisfait car, quand on est satisfait, on ne fait plus rien et on dépérit. Mais quand on veut garder un peu de sel dans sa vie, quand on veut être grand aussi, on doit savoir pour quoi l'on doit se battre, afin que ces menaces que l'on identifie aujourd'hui puissent être surmontées sans violence. C'est le message que je transmets toujours très volontiers aux anciens, aux jeunes et aux plus jeunes encore, à des collègues aussi : soyez courageux mais soyez confiants !

Nous avons cette opportunité de construire un monde dans lequel les choses pourraient aller aussi bien que possible pour tous, même si nous avons des cultures et des croyances très différentes. Vous pouvez bâtir ensemble un monde harmonieux ! C'est ce que je souhaite à chacune et à chacun d'entre vous, présents dans cette grande salle, que vous puissiez tous vous engager pour reconnaître les grandes menaces de notre siècle et les combattre courageusement !

Merci !

Discussion
avec André Marty
et le public zurichois

Fondements des idées

André Marty[1] : *Monsieur Hessel, merci infiniment pour votre intervention. Si vous êtes d'accord, j'aimerais tenter de découvrir les fondements de ces idées, en partie très percutantes, de ces propositions, voire de ces provocations. Je vous propose d'évoquer tout simplement quelques dates qui nous permettront de lancer la discussion. Que vous vient-il à l'esprit si vous pensez à 1937 ?*

Stéphane Hessel : Entendu ! En 1937, j'avais 20 ans, n'est-ce pas ? Il se passait en France quelque chose de très intéressant : le Front populaire[2]. Au plan politique, je me suis toujours situé à gauche. À ce moment-là, avec Léon Blum président du Conseil pendant un an, survint l'espoir que la démocratie française pourrait aller de l'avant. Mais cette même année, la guerre civile espagnole était déjà bien avancée et les nazis étaient au pouvoir. Ce fut aussi l'année où l'Autriche tomba entre les mains des Allemands et où Mussolini combattit contre la Libye et l'Albanie. On ne doit pas oublier que l'Europe fut le théâtre de guerres pendant de nombreux siècles. Que signifiait donc l'Europe autrefois ? L'Europe, c'étaient des combats, des guerres, les pays les plus divers dressés les uns contre les autres. Pour moi, le plus grand succès de ma génération est d'avoir dépassé cela. À l'époque, en 1937, j'avais 20 ans ; aujourd'hui, j'ai 94 ans. Hier, par exemple, se sont réunis à Bruxelles tous les Européens : cela montre bien que nous avons tout de même avancé depuis 1937 !

A. M. : *Il est intéressant de constater que vous n'avez pas associé spontanément cette année-là à votre naturalisation en tant que citoyen français.*

S. H. : Vous avez tout à fait raison ! J'ajouterai juste que je me suis senti français beaucoup plus tôt. Je fus naturalisé le 20 octobre 1937 pour la simple et bonne raison que la loi ne permettait pas de l'être à un garçon de moins de 20 ans. Mais je me suis toujours senti comme un vrai Français !

A. M. : *Un chapitre désagréable maintenant, pourtant très marquant pour vous, si j'évoque le numéro 10003. Voudriez-vous parler brièvement de cette période à notre public ce soir ?*

S. H. : Vous pensez à mon matricule de Buchenwald ? 10003 ! Il est évident que lorsque la Gestapo vous arrête, vous passez un mauvais moment. On pense alors que la fin est arrivée. J'avais été trahi par un camarade, malheureusement. Il avait donné mon nom après avoir été torturé par la Gestapo. Ils m'ont emprisonné le 10 juillet 1944 à Paris, puis m'ont déporté au camp de concentration de Buchenwald après m'avoir fait subir pendant un mois une torture très dure et de nombreux interrogatoires. Ils me donnèrent alors ce numéro de prisonnier, le matricule 10003 ! Sous ce numéro, je devais désormais vivre parmi un groupe d'individus qui étaient tous condamnés à mort. Nous le supposions, bien sûr, mais quand les seize premiers de notre groupe de trente-sept furent pendus, nous avons alors su que nous allions tous subir le même sort et que nous n'avions pas d'autre choix que de trouver un moyen de nous en sortir. Pour ma part, je pris l'identité d'un Français mort du typhus. Son corps fut envoyé au four crématoire avec mon identité alors que je prenais la sienne – l'identité d'un prisonnier certes, mais de quelqu'un qui n'était pas condamné à mort. Cette entreprise n'aurait pas été possible dans cet abominable camp de Buchenwald si plusieurs personnes ne m'avaient pas aidé. Et en premier lieu un Allemand qui s'appelait Eugen Kogon[3], prisonnier depuis déjà de nombreuses années ; il était en contact avec le médecin SS expert du typhus et il put le convaincre qu'on lui donnerait à la fin de la guerre une lettre attestant qu'il avait sauvé trois d'entre nous. Eugen Kogon réussit ce tour de force.

Son fils vit aujourd'hui en Suisse, pas très loin d'ici, près de Zurich. Il a traduit mes livres en allemand. Vous parlez d'une rencontre : je dois la traduction de mes ouvrages au fils d'un homme auquel je dois la vie ! C'est pour moi une satisfaction toute particulière !

A. M. : *Passons quelques étapes et prenons une autre date : le 10 décembre 1948, dix heures du matin. Où étiez-vous à cet instant précis ?*

S. H. : Le 10 décembre 1948, je me trouvais au palais de Chaillot et on était en train de voter. Les représentants des cinquante-quatre pays participant au vote étaient assis en rang d'oignons et Andrew Cordier[4], le sous-secrétaire américain des Nations unies, appelait les États les uns après les autres. Le premier pays appelé fut l'Afghanistan, premier pays dans l'ordre alphabétique à l'ONU. L'Afghanistan dit « oui ». Tous les autres pays ont ensuite donné leur « oui ». Huit pays ont certes exprimé leur « abstention » mais à l'époque l'abstention ne comptait pas comme une réponse négative. C'est ainsi que la Déclaration universelle des droits de l'homme fut adoptée, avec 46 voix pour et 8 abstentions. Cela marquait la fin de trois longues années de travail pendant lesquelles j'assistais mes amis René Cassin[5], Charles Malik[6] et Eleanor Roosevelt[7], présidente du groupe qui a rédigé la Déclaration universelle.

C'est quelque chose de très particulier et d'extraordinaire que tous ces articles, les trente articles qui apparaissent dans la Déclaration universelle, soient encore valables aujourd'hui. Ils représentent encore ce dont la démocratie a besoin pour être une vraie démocratie. Cette Déclaration est un programme ! Beaucoup plus tard, deux pactes sont venus la compléter, l'un pour les droits civiques et politiques, l'autre pour les droits économiques et sociaux. Et l'on a bien sûr continué par la suite. Aujourd'hui, il existe même un Tribunal international pour juger ceux qui ont commis des crimes contre l'humanité. En bref, nous avons bien avancé ! Le programme qui apparaît dans cette Déclaration du 10 décembre 1948 et que vous venez de mentionner est aujourd'hui encore ce dont tous les démocrates, tous les hommes et les femmes réunis dans cette salle ce soir ont besoin. Vous êtes tous des démocrates, j'en suis persuadé ! Nous devons sans cesse relire cette Déclaration et nous demander si tous ses objectifs sont déjà atteints et ce que nous pouvons faire, si ce n'est pas le cas, afin que nous puissions les réaliser demain.

A. M. : *Et pour avancer encore d'une étape : l'année 1982 ? Cela vous dit quelque chose ?*

S. H. : 1982... ?

A. M. : *Je vous aide un petit peu. Cette année-là, un diplomate obtint une retraite bien méritée...*

S. H. : Ah ! Vous pensez au vieux Stéphane Hessel ? Oui, on parle toujours de lui ici ou là... Oui, j'avais 65 ans et, à cet âge-là, il faut prendre sa retraite. Mais quand on a beaucoup de chance – et j'ai toujours eu beaucoup de chance dans ma vie ! –, le président de la République dit à votre sujet : « Ce diplomate, cet ambassadeur s'est très bien conduit et nous allons le récompenser. Faisons-le ambassadeur de France ! » J'ai alors demandé ce que cela voulait dire, et l'on m'a répondu : « Cela signifie que vous porterez jusqu'à la fin de vos jours la dignité d'un ambassadeur de la France, mais pas dans un pays particulier ou pour une organisation, mais pour la France en général ! » Cela veut donc dire qu'ici et maintenant, dans cette salle à Zurich, je suis porteur des valeurs historiques de la France et que je dois les défendre au nom du pays, mais pas au nom d'un gouvernement particulier. C'est une dignité importante, un grand honneur qui n'est pas toujours facile à porter, mais j'essaie de le faire de mon mieux !

A. M. : *Je pense que nous avons tous retenu ceci : d'une part votre histoire personnelle, d'autre part votre engagement pour la Déclaration universelle des droits de l'homme. Dois-je vous relire rapidement l'article premier ? Il est toujours bon de l'avoir en tête. Je vous le rappelle : « Tous les êtres humains naissent libres et égaux en dignité et en droits. Ils sont doués de raison et de conscience et doivent agir les uns envers les autres dans un esprit de fraternité. » Monsieur Hessel, vous accordez une très grande importance à la Déclaration universelle des droits de l'homme. Malheureusement, au quotidien, la politique ne donne pas toujours priorité à la mise en pratique des droits de l'homme. Êtes-vous, vous aussi, un peu désabusé ?*

S. H. : On ne doit bien sûr pas considérer ce texte merveilleux et particulier comme un fait établi. Ce n'est pas une réalité mais un espoir, un objectif et aussi un programme ! On peut légitimement dire qu'aujourd'hui aucun des 193 pays membres des Nations unies, qui en ce moment même siègent à New York pour savoir s'ils donnent ou non un État à la Palestine – ce n'est pas encore tout à fait exclu, un État verra peut-être le jour –, qu'aucun de ces États donc n'accorde vraiment son entière valeur à la Déclaration des droits de l'homme. Qu'est-ce que cela signifie « vivre ensemble dans la fraternité » quand au même moment on frappe de part et d'autre et on se fait la guerre ? Et c'est encore le cas pour beaucoup de pays !

Combien de ces 193 pays sont-ils vraiment des démocraties ? On me pose parfois la question quand je plaide pour l'ONU. On me dit alors : « Votre ONU, combien compte-t-elle de vraies démocraties ? » Ma réponse est la suivante : « Il y en a peu, mais il y en a de plus en plus ! Nous avons bien avancé sur ce point depuis 1950 et le demi-siècle qui a suivi. Chaque année, de nouvelles démocraties ont rejoint l'ONU. Beaucoup d'États ne sont pas encore démocratiques, et malheureusement beaucoup d'États se présentent comme tels sans appliquer tous ces droits. Il n'y a qu'à penser, à titre d'exemple, à la manière dont on traite les immigrés dans les meilleures démocraties ! C'est quelque chose qui ne correspond pas à l'article 13 de la Déclaration universelle des droits de l'homme[8]. Nous sommes donc fautifs mais nous faisons des progrès ! »

Pensons seulement au continent africain, où l'on a souvent l'impression que les situations sont désespérées à cause de génocides ou d'autres événements graves survenus par le passé. Mais même en Afrique, lorsqu'on est là-bas, on sent que les choses avancent. Et n'oublions pas ce qui se passe en Tunisie, en Égypte et en Libye ! Et au Yémen, et en Syrie il se passe tout de même des choses ! On ne doit donc pas être ingrat...

A. M. : *Mais, attendez... je voudrais vous provoquer un peu, il me semble que vous tolérez cela très bien.*

S. H. : Allez-y !

A. M. : *Vous fondez visiblement beaucoup d'espoir dans la jeunesse. Je me réjouis de constater que notre public de ce soir est en moyenne plutôt jeune, voire étonnamment très jeune. Nous avons pris connaissance à travers les révoltes du monde arabe – qui ne sont qu'en partie des révolutions – de l'éclosion d'un mouvement social, mais celui-ci a plus de difficulté à mobiliser vraiment les masses en Europe et en Amérique. Votre hypothèse selon laquelle de larges couches de la population peuvent se mobiliser pour des valeurs démocratiques qui semblent peut-être un peu banales mais qui, dans le cas de l'égalité des droits entre les hommes et les femmes, sont extrêmement difficiles à atteindre n'est-elle pas trop éloignée de la réalité et ne témoigne-t-elle pas de trop d'optimisme ?*

S. H. : Je pense que c'est justement notre tâche ! Si un tel petit livre a un sens, c'est bien celui de mobiliser ! D'amener les gens à penser que nous n'allons pas encore aussi bien que nous devrions aller et de faire croître leur intérêt pour les utopies ! Nous en avons le droit et nous devons rêver ! Nous devons rêver tout en sachant que nos rêves ne se sont pas encore réalisés comme nous le souhaiterions.

La majorité de la société n'est probablement pas encore prête à se mobiliser. Elle vit encore sur ses acquis et pense que cela suffit. C'est pourquoi nous avons besoin de minorités qui s'indignent et s'engagent. Et ces minorités ont toujours existé, dans toutes les périodes de l'Histoire. Elles ont parfois constitué les prémices d'une religion, comme celle des apôtres de Jésus-Christ. Ceux-ci ont finalement réformé, avec une petite minorité d'adeptes, des régions entières du monde. Donc ce qui commence modestement peut tout à fait s'amplifier, c'est toujours ce que j'espère !

A. M. : Un début timide qui serait idéalement à l'origine d'une avalanche ! Et maintenant on brandit ce « petit livre », comme vous l'appelez judicieusement, aussi bien en Tunisie que sur la Paradeplatz à Zurich, oui, partout dans le monde. Monsieur Hessel, cela ne se transforme-t-il pas pour vous en une grande responsabilité ?

S. H. : C'est une responsabilité de dire ce que je dis dans un livre pourvu d'un tel titre, n'est-ce pas ? Le titre m'a été proposé par mon éditrice qui est une vraie militante. Elle s'est engagée pour les Aborigènes d'Australie ainsi que pour le Tibet. Elle m'a dit : « Ce que tu as écrit là doit produire un effet fort et pour que cela marche, nous devons avoir un titre fort. Nommons donc le livre *Indignez-vous !* » Je lui ai répondu : « Mon Dieu, oui ! Mais comment cela va-t-il être interprété ?

N'y aura-t-il pas des gens qui se diront : "Maintenant, nous devons nous battre, ça va cogner" ? »

Je dois souligner que le titre est certes provocateur, mais si on est attentif au texte et qu'on en arrive aux trois dernières pages, on peut alors précisément lire que l'on doit s'indigner sans heurt, que l'on ne doit justement pas avoir recours à la violence. On doit avoir en tête les figures emblématiques de Nelson Mandela, Mikhaïl Gorbatchev, Václav Havel, du Mahatma Gandhi et de Martin Luther King. Ces gens ne souhaitaient pas de violence et ils ont tout de même accompli de grands changements. On peut donc le dire, mais on doit être prudent. Vous avez tout à fait raison, cher André Marty, le danger guette si l'on se contente de survoler le livre et de dire : « On doit maintenant aller se battre ! » Par ailleurs, les gouvernements ne sont pas souvent prêts à accepter qu'il y ait des gens, jeunes ou moins jeunes, qui ont des raisons de s'indigner. Mais il y en a aussi qui le comprennent bien et qui se disent : « Laissons-les donc s'indigner et se mobiliser. On verra ensuite dans quelle mesure ils agissent vraiment et sont efficaces. »

L'engagement

A. M. : *Vous avez ici face à vous des gens qui a priori ont une idée de ce qu'est l'insurrection pacifique et qui voudraient aussi s'engager. Accepteriez-vous de leur donner quelques notions fondamentales ? Sans aller jusqu'à parler de « concept politique », qui est peut-être un bien grand mot. Beaucoup d'autres avant vous ont essayé de le faire et ont échoué dans leur mise en pratique. Pourriez-vous me dire de manière succincte comment, dans le monde d'aujourd'hui, en Suisse par exemple, je peux très concrètement m'engager ?*

S. H. : C'est la question la plus importante et je vous remercie de l'avoir posée. Je pense qu'il y a au moins deux façons de s'engager aujourd'hui. Il y a ce qu'on appelle les organisations non gouvernementales, les ONG. Nous les connaissons tous, que ce soit Amnesty International, Human Rights Watch ou la Ligue des droits de l'homme, par exemple. Elles peuvent être présentes dans un ou plusieurs pays. Elles peuvent agir en réseau comme c'est le cas pour le mouvement Attac, dont la présidente Susan George[9] a écrit récemment un beau livre intitulé *Leurs crises, nos solutions.* Concernant la mobilisation de tant de gens, on doit constater qu'aujourd'hui, grâce aux nouvelles technologies, ils peuvent communiquer entre eux beaucoup mieux que nous ne le faisions au temps de ma jeunesse – à l'époque, nous avions déjà le téléphone, mais pas la télévision et encore moins Internet. On a vraiment l'impression aujourd'hui qu'un mouvement social peut avoir une vraie efficacité. Mais, si l'on s'engage uniquement par le biais des ONG, subsiste le danger que les gouvernements et les parlements fassent ce qu'ils veulent, l'influence de la société civile se focalisant ailleurs. C'est pourquoi il est important de ne pas s'engager uniquement pour des ONG. Quand je vois des jeunes gens qui se rassemblent, par exemple ici à Zurich autour du mouvement Occupy Paradeplatz, je dis que leur mobilisation est bonne et nécessaire. Je pense néanmoins qu'ils devront ensuite prendre le chemin des partis qui peuvent davantage influencer les gouvernements. Nous devrions prendre modèle sur ces adolescents dont nous admirons l'énergie, la volonté de s'indigner et de s'engager pour que les grands changements nécessaires soient accomplis par les parlements, les gouvernements et les organisations internationales comme l'ONU et bien d'autres. En bref, il faut s'engager non pas « en marge » mais « au cœur » du pouvoir.

A. M. : *Mais les révoltes arabes nous montrent en réalité exactement le contraire ! Ce n'est pas l'appareil mais bien ce que l'on appelle la société civile et donc les individus venant de toutes les catégories sociales qui sont allés dans la rue, du moins dans certains pays, pour envoyer au diable leurs dictateurs. Cela va à l'encontre de vos propos sur l'action politique, possible selon vous à l'intérieur des institutions politiques.*

S. H. : Pour revenir au Printemps arabe, le phénomène suivant m'intéresse tout particulièrement : la première chose que les Tunisiens ont inscrite sur leur agenda après s'être débarrassés de Ben Ali, ce furent des élections pour une assemblée constituante. Ce qui signifie qu'ils veulent construire une démocratie. Et ce ne sont pas seulement les forces explicitement démocratiques qui le souhaitent, mais aussi le parti Ennahda[10], dont quelques-uns avaient peur, disant qu'il était constitué d'islamistes préférant peut-être la charia à une Constitution. Et eux aussi ont rejoint les forces démocratiques en clamant : « Nous avons besoin d'une Constitution, et nous avons besoin de la démocratie ! » En Égypte aussi, on s'est engagé sur le chemin des élections. Je pense que justement là où l'indignation prend de l'ampleur et où l'on veut en premier lieu renverser un dictateur – ou bien en Espagne où l'on manifeste son insatisfaction contre la manière dont le pays est dirigé –, l'étape suivante est consacrée à la revendication d'une Constitution ou de nouvelles élections. De plus, la nouvelle génération en Occident montre suffisamment d'intelligence pour tirer des conclusions des expériences du XXᵉ siècle et se dire qu'on n'a plus vraiment besoin ici d'une révolution mais bien d'une Constitution et d'une démocratie. Et cela me réjouit beaucoup !

A. M. : *Moins réjouissantes pour vous, les prises de position de représentants de l'État d'Israël qui apprécient moyennement – je le formulerais ainsi – que vous ne vous opposiez pas avec véhémence aux appels au boycott des produits venant des colonies israéliennes. Avez-vous la conscience tranquille à ce sujet ?*

S. H. : Oui, très tranquille ! L'Union européenne a signé des conventions avec d'autres nations réclamant le respect des droits de l'homme dans les pays avec lesquels nous commerçons. Par conséquent, quand Israël ne respecte pas les droits de l'homme, cela a des implications sur nos relations commerciales. Mais, bizarrement, l'Union européenne a désormais annoncé qu'elle souhaitait non pas diminuer mais, au contraire, développer ses relations commerciales avec Israël. Cela représente une violation de la responsabilité envers les droits de l'homme qu'a l'Union européenne. Avoir des relations commerciales avec un pays qui entretient des colonies illégales et qui établit des entreprises sur un territoire occupé, c'est quelque chose qu'on ne peut approuver.

Je sais que beaucoup, dont des amis qui sont très influencés par Israël, me considèrent comme quelqu'un qui s'oppose beaucoup trop à Israël. Ils me demandent pourquoi je critique toujours Israël et jamais le Soudan ou la Tchétchénie. Je réponds à chaque fois qu'il se trouve que je me suis souvent rendu en Palestine ces dernières années et que j'ai senti là-bas le besoin d'exercer une pression sur Israël. Le boycott peut être un moyen pour que le pays comprenne enfin que sa politique envers les Palestiniens est inhumaine et qu'elle doit être critiquée. C'est bien sûr un sujet récurrent lors des débats de notre Tribunal Russell sur la Palestine. La semaine prochaine, je siégerai de nouveau, au Cap, et nous témoignerons sur le fait que la manière de traiter les Palestiniens est inhumaine et que nous devons faire quelque chose contre cela.

A. M. : *Vous avez le privilège d'être en aussi bonne forme à votre âge et beaucoup de gens vous admirent pour cela. Qu'est-ce qui vous stimule au juste chaque matin pour repartir et prendre des positions parfois très provocantes, ne vous valant pas seulement des amis ? Qu'est-ce qui vous motive encore ?*

S. H. : Ce qui me stimule, c'est de pouvoir rencontrer des personnes comme vous, monsieur Marty. Les personnes qui posent les bonnes questions sont pour moi particulièrement importantes. C'est vrai, on a toujours le sentiment d'avoir déjà dit mille fois les mêmes choses. Mais quand quelqu'un comme vous sait poser des questions et donne des repères historiques, c'est toujours un grand plaisir pour moi. Bien sûr, je ne suis pas complètement dépourvu de narcissisme, bien au contraire... Je suis très flatté d'être applaudi. Mais cela met en danger ma modestie – je ne suis pas seulement narcissique, je suis aussi parfois très modeste – d'avoir le sentiment d'être reconnu en tant que personne au détriment de mon message.

En outre, cela me réjouit toujours de travailler avec des amis. Rien ne m'est plus agréable que d'avoir écrit un livre avec un homme comme Edgar Morin. Ce livre vient d'être publié et nous l'avons intitulé *Le Chemin de l'espérance* (Fayard, 2011). Voilà ce qui me motive en ce moment. Je suis heureux de pouvoir montrer à nos amis indignés qu'il existe une voie vers l'espoir et que nous pouvons l'emprunter tous ensemble maintenant !

Question du public : *Vous évoquez dans votre dernier ouvrage la question de l'insurrection pacifique. Vous dites d'une part que ce qui se passe en Palestine est inhumain, mais plaidez d'autre part pour la non-violence. Pendant la Seconde Guerre mondiale, vous étiez un combattant de la Résistance française. Quelle différence faites-vous entre cette période et le cas de la Palestine aujourd'hui ? Je me permets d'ajouter que je suis moi-même palestinien.*

S. H. : C'est une question très intéressante à laquelle il n'est pas si facile de répondre. Aucune situation historique ne ressemble à une autre. Ce que nous avons vécu autrefois, d'un côté les pires horreurs de l'Allemagne nazie, de l'autre ce qui demeure le triste épisode du gouvernement de Vichy et donc de la France de Pétain, nous devons bien sûr le combattre. Face à la force de frappe de la Wehrmacht et à la Gestapo, on devait se défendre de quelque manière que ce soit, y compris en recourant au combat et à la violence. Il a fallu faire sauter des trains, éventuellement tuer des officiers afin de montrer que ce grand danger, cette puissance n'étaient pas acceptables. Contre le régime de Vichy, on devait toutefois avancer sans violence. Il fallait essayer de convaincre les gens et de les gagner à la Résistance.

Maintenant, que se passe-t-il en Palestine ? Il y a, Dieu merci, en Israël une minorité qui défend la Palestine. Je pense à cette admirable journaliste qu'est Amira Hass[11] ou à un militant comme Michel Warschawski[12] du Centre d'information alternative. C'est avec de telles personnes que l'on doit garder un lien pour essayer d'avancer sans violence. Mais si l'armée israélienne frappe si violemment, comme elle l'a fait début 2009 lors de l'opération militaire « Plomb durci » à Gaza, il est alors bien entendu impossible de s'en sortir sans violence. On doit toujours garder en tête que celui qui exerce la violence s'expose à de la violence en retour. Et quand on se trouve face à quelqu'un qui est beaucoup plus puissant, on doit se dire que la violence représente un danger, car elle peut provoquer une violence plus grande encore.

A. M. : *Permettez-moi, dans ce contexte, une remarque : il serait très important de prendre en considération le droit international humanitaire à propos d'une telle question, donc le principe de base qui consiste à différencier très clairement les civils des combattants. Ce n'est pas la même chose que d'attaquer un soldat ou un civil. C'est un critère déterminant et décisif qu'il ne faut pas oublier à propos de ce qu'on appelle la résistance armée.*

Question du public : *Que dites-vous d'une Suisse officielle qui déclare être fière de sa tradition humanitaire et qui, dans le même temps, fait des affaires et collabore même militairement avec Israël et le considère comme un pays ami ? Personnellement, ça me révolte ! Qu'en dites-vous ?*

S. H. : Oui, moi aussi ! On remarque toujours que nos gouvernements, y compris les meilleurs d'entre eux, préfèrent vendre des armes car cela rapporte beaucoup d'argent. Mais voilà, à qui vend-on des armes ? Aux amis, bien sûr ! Pourquoi ne devrait-on pas être un ami d'Israël qui est sans conteste un pays avec lequel on a de bonnes relations ? Vendons-lui donc aussi des armes ! Mais si l'on regarde ensuite de plus près ce qu'il advient de ces armes et contre qui elles sont utilisées, la prudence est requise. Nous ne pouvons accepter que nos gouvernements démocratiques ne protestent pas suffisamment contre les atteintes aux droits de l'homme. Si ces droits ne sont pas respectés par un pays comme Israël, il faut alors réagir.

Question du public : *Comment pouvez-vous, en tant que défenseur de la démocratie, tolérer un droit de veto dont ne disposent qu'une poignée de pays à l'ONU ? Comment est-ce conciliable avec les traditions démocratiques de nos sociétés ?*

S. H. : C'est difficilement conciliable, mais on peut l'expliquer. Dans ce domaine, on doit avoir en tête que l'ONU est une enfant de la Seconde Guerre mondiale. Celle-ci n'a pas été gagnée par une seule nation, mais son issue a été le résultat d'une coopération entre des partenaires très différents. D'une part, la guerre n'aurait pas pris fin si l'armée soviétique n'avait pas effectué la majeure partie du travail. D'autre part, Roosevelt était le seul – et nous lui devons beaucoup à ce sujet – qui pensait que nous avions besoin d'une organisation mondiale, les Nations unies, dans laquelle tous les vainqueurs de la Seconde Guerre mondiale pourraient siéger ensemble afin d'atteindre ensemble, après avoir combattu le fascisme et le nazisme, les objectifs souhaités.

Nous avions alors besoin d'une charte pour y parvenir. Elle fut signée le 26 juin 1945 à San Francisco. Tous les vainqueurs de la guerre étaient présents. Mais ils voulaient aussi avoir la certitude que leurs problèmes seraient pris en compte. C'est la raison pour laquelle on a imaginé ce Conseil de sécurité dans lequel les cinq vainqueurs de la Seconde Guerre mondiale avaient le droit de prononcer un veto quand cela leur semblait nécessaire.

La question est de savoir si cela se justifie encore aujourd'hui. La réponse à cette question est clairement négative ! À l'époque, après la victoire, le veto était un moyen nécessaire pour rapprocher les différents partenaires. Personne n'aurait accepté d'être mis en difficulté par une majorité, d'où l'idée du Conseil de sécurité et du veto. Il faut aussi considérer que ce veto n'existe qu'au sein du Conseil de sécurité. Dans toutes les autres organisations de l'ONU, un véritable vote, nation par nation, est nécessaire ; seule la majorité est déterminante et le veto n'existe pas.

Mais sommes-nous aujourd'hui prêts à avouer que nous avons besoin d'une réforme de l'ONU ? Je le dis depuis quinze ans. J'ai participé avec Richard von Weizsäcker à une commission en ce sens. Nous avons réfléchi à la manière dont nous pourrions supprimer le veto ou transformer le Conseil de sécurité de sorte qu'il ne soit plus composé de quinze membres mais peut-être de vingt-cinq. Dix d'entre eux, et non plus cinq, seraient des membres permanents, et chacun possèderait non plus un droit de veto mais un droit particulier qui consisterait à atteindre une majorité des deux tiers avec d'autres membres. Il s'agirait d'une réforme importante de l'ONU, mais elle est actuellement très difficile à mettre en place. Je ne pense cependant pas qu'il soit impossible de faire bouger les choses dans les années qui viennent. On pourrait alors se débarrasser du veto tel qu'il est aujourd'hui en vigueur.

Remarque du public : *Bonsoir et merci beaucoup pour vos encouragements ! Je suis originaire d'Afrique du Sud et je voulais souligner qu'à l'époque de l'apartheid le boycott contre l'Afrique du Sud avait été un grand instrument de pression. Il avait permis d'ouvrir la voie du changement. Et vous avez absolument raison : en tant que minorité, on peut faire beaucoup, et cela sans peur.*

S. H. : Merci beaucoup, un bon exemple que celui que vous nous donnez ! Je suis tout à fait d'accord avec vous. Nous devons tirer les leçons de l'Histoire et nous demander comment nous pouvons appliquer l'exemple que vous citez à d'autres pays.

Quel avenir pour la Palestine ?

Question du public : *Monsieur Hessel, comment empêcherez-vous les États-Unis de mettre à nouveau leur veto à la demande des Palestiniens de devenir membres des Nations unies ?*

S. H. : C'est bien sûr le problème, et pour le moment, nous devons attendre. Mais votre question fait référence à quelque chose de fondamental : comment dans l'absolu peut-on atteindre un objectif ? Depuis des années, je m'obstine à dire que les paroles sont certes importantes mais que les actes le sont plus encore. Toute ma vie, j'ai donné des conférences, je me suis beaucoup exprimé. Et le discours exige toujours de faire ou bien d'atteindre quelque chose ! La question dans un tel contexte est toujours la même : comment passe-t-on du discours aux faits et à l'action qui pourront provoquer un changement ?

Il me semble, par exemple, que le Tribunal Russell est un encouragement, pour la société civile, à s'engager. Dans cet épouvantable conflit qui oppose Israël à la Palestine, il est justement très difficile de stimuler un engagement pour la Palestine. Tant de personnes éprouvent une grande admiration pour Israël mais personne n'en a pour les Palestiniens. Beaucoup se disent que les Palestiniens ne sont pas les seuls à souffrir et que nous devrions nous réjouir qu'au moins Israël se porte bien ! On entend partout de tels arguments et de tels raccourcis qu'il n'est guère facile d'aller à la rencontre des gens et de leur dire que cela ne doit pas continuer ainsi.

Récemment, une scène m'a tout particulièrement touché et réjoui, et je voudrais vous la rapporter. Sur le boulevard Rothschild à Tel-Aviv, des gens s'étaient réunis ; ils s'indignaient et scandaient qu'ils ne toléreraient pas plus longtemps leur situation. Bon, au premier abord, leur raison de protester était l'augmentation du prix du fromage ! Mais en réfléchissant à la cause de cette augmentation, ils en sont arrivés à la conclusion que l'économie israélienne souffrait des dépenses importantes consacrées à Tsahal, l'armée israélienne, et à l'occupation de la Palestine ; ils se sont alors demandé si leur gouvernement était le bon et s'il ne serait pas préférable d'en avoir un autre. Ce serait bien sûr un progrès !

Question du public : *J'aimerais connaître votre point de vue sur le processus de paix ces dernières années ainsi que vos recommandations aux deux parties pour trouver une solution.*

S. H. : Je ne considère pas que le processus de paix soit impossible à réaliser, mais je ne crois pas que la seule pression sur Israël suffise, bien que je l'approuve, comme j'ai déjà eu l'occasion de le dire ce soir. Il faut montrer au pays que les manquements aux droits de l'homme ne peuvent être tolérés. Mais les Israéliens pensent savoir ce qu'ils veulent et on ne peut les convaincre d'autre chose. La question est donc la suivante : à l'opposé, les Palestiniens pourraient-ils faire autre chose que ce qu'ils ont fait jusqu'ici ? La réponse est : oui, ils pourraient s'unir davantage bien sûr. C'est d'ailleurs ce qui s'est déjà passé avec l'alliance entre le Hamas et le Fatah, qui fut relativement facile à réaliser. Mais la seule chose qui pourrait faire avancer vraiment le processus de paix serait un changement de gouvernement du côté israélien. Avec Benyamin Netanyahou comme Premier ministre et Avigdor Lieberman comme ministre des Affaires étrangères[13], Israël dispose actuellement du gouvernement le plus à droite qu'il ait jamais eu. Il se peut que les Israéliens s'aperçoivent un jour qu'ils sont de moins en moins appréciés dans le monde. Ainsi, même la Turquie, qui était pourtant jusqu'ici un pays allié, ne les soutient plus. Même aux États-Unis, aujourd'hui, on ne trouve plus seulement le lobby de l'Aipac[14] qui soutient Israël, il existe aussi le J Street[15], qui ne soutient pas autant sa politique. À terme, les Israéliens seront obligés de réfléchir à une autre voie et de se dire que la sécurité est le bien le plus important dont ils ont besoin. Celle-ci ne peut cependant être garantie que s'ils ont de bonnes relations avec leurs voisins. Si Israël raisonnait ainsi, le pays bénéficierait aussitôt du soutien de toutes les nations. Si l'État d'Israël arrivait à se convaincre

qu'il pourrait y avoir à ses côtés un État palestinien avec lequel il entretiendrait des relations ami-
cales, que Jérusalem pourrait être divisée en deux
parties sans qu'Israël perde sa future capitale
Jérusalem-Ouest, si dans cette ville les trois
grandes religions abrahamiques étaient réunies,
ce serait alors un vrai progrès pour Israël.

Les Israéliens pourraient-ils finalement adopter
de telles idées ? Je dis que rien n'est jamais impossible. Même les gouvernements les plus terribles
qu'il y ait eu dans l'Histoire sont parfois revenus
sur leurs positions les plus extrêmes au profit de
meilleures solutions. J'attends naturellement avec
impatience que l'Europe, les États-Unis et les
Nations unies s'opposent à Israël et lui fassent
connaître leur volonté. Mais je fonde encore plus
d'espoir dans la possibilité que les Israéliens
comprendront d'eux-mêmes que cela ne va pas
mieux pour eux en agissant comme ils le font
actuellement, qu'au contraire ils vont chaque
année de plus en plus mal. Ils doivent en arriver à
la conclusion qu'ils sont de moins en moins appréciés à travers leur politique actuelle et qu'ils ont
besoin d'une nouvelle approche. Ce serait merveilleux, mais malheureusement rien de tout cela ne
s'est encore esquissé à ce jour !

Question du public : *Monsieur Hessel, dites-nous
franchement, croyez-vous encore que la solution qui
prévoit la coexistence de deux États verra le jour,
disons de votre vivant ?*

S. H. : La création d'un État binational serait une
meilleure solution pour les droits de l'homme ;

cela montrerait aussi que des sociétés peuvent se retrouver. Mais cette solution n'est possible que si les Israéliens renoncent à l'idée d'un État purement ou principalement juif. Dans un État binational, les Israéliens deviendraient bien sûr minoritaires, pas au tout début mais au bout de quelques années, et cela signifierait aussi que le pays ne serait plus pour les juifs du monde entier un lieu où ils se sentent chez eux. Mais voir les choses ainsi reflète une relation au pays qui est religieuse, et non laïque... Il faudra réfléchir à cette question.

Peut-être viendra un temps où Israël sera une vraie démocratie moderne qui se dira qu'elle n'a plus besoin d'une majorité juive, qu'elle peut aussi vivre démocratiquement avec une majorité de musulmans. Bien évidemment je l'espère, mais je sens que cette solution est encore tout à fait improbable, c'est pourquoi je pense que la seule possibilité aujourd'hui est celle de la coexistence de deux États.

Remarque du public : *Cher monsieur Hessel, je n'ai pas de question mais je voulais vous remercier pour les paroles claires et sereines que vous venez de prononcer et à travers lesquelles vous avez énoncé des vérités. Et puis aussi vous remercier tout particulièrement d'avoir mentionné à plusieurs reprises le mouvement Occupy Paradeplatz. Nous vous invitons très chaleureusement, au nom de l'organisation, à vous faire par vous-même une idée de la manière dont nous agissons ensemble, comme vous, dans une attitude chaleureuse et sereine. J'invite tous ceux qui sont ici dans la salle et qui s'indignent contre des pratiques courantes dans l'industrie financière à venir se faire une opinion de notre mouvement. Merci beaucoup, monsieur Hessel.*

Le néolibéralisme
et ses dangers

Question du public : *Nous nous trouvons actuellement dans une crise financière, que l'on présente
souvent comme une « grande récession ». On dit
d'elle qu'elle sera peut-être bientôt aussi grave que la
Grande Dépression de 1929. Simultanément, nous
avons un nationalisme, voire un néofascisme, qui
entre même dans les parlements. Je pense notamment à l'Italie et aux États de l'ancien bloc communiste, à la Hongrie par exemple ; mais aussi à la
Scandinavie et à la Suisse. À qui, si ce n'est à vous,
poser cette question ? En vous référant à votre bio-
graphie, quel niveau de sérieux pensez-vous pouvoir
accorder à de telles comparaisons ?*

S. H. : Nous sommes dans une situation très dangereuse. Nous nous trouvons actuellement dans
une crise bancaire immense et dans une crise de
l'économie des marchés et de la finance. Nous
n'avons pas encore surmonté cette crise. Mais

parallèlement à la montée des puissances financières, que nous n'avons pas mises sous contrôle démocratique à ce jour, des groupes nationalistes refont surface partout, des groupes qui ont souvent un arrière-plan fasciste. Tout cela confondu est très dangereux. Peut-être viendra bientôt le temps où nous comprendrons ce que nous n'avons pas encore compris, c'est-à-dire que l'économie néolibérale touche à sa fin et que John Maynard Keynes[16], contrairement à Milton Friedman[17], a de nouveau le vent en poupe ! C'est une opportunité à laquelle nous devons penser.

En ce moment, je lis beaucoup de livres qui donnent des informations précises sur les dangers qui surviendront quand nous n'aurons plus assez de céréales et d'eau potable pour tous les hommes de cette planète et sur ce qui adviendra quand les transformations climatiques seront de plus en plus cruciales. Nous devrions davantage lire de livres qui attirent notre attention là-dessus, alors peut-être nous réveillerions-nous ! Nous devons impérativement mettre fin à ce sommeil afin que ces dangers économiques et écologiques puissent être combattus.

Question du public : *Cher monsieur Hessel, je vous admire ! Je vous souhaite longue vie, une nouvelle jeunesse, bonne chance, santé et satisfaction. Vous nous avez donné à tous de l'espoir. Vous nous avez rajeunis, nous avons reçu de nouvelles forces. Je voudrais rappeler ici une phrase d'André Malraux[18] : « Le XXIᵉ siècle sera religieux ou ne sera pas. » Qu'en pensez-vous ?*

S. H. : Je pense que c'est un thème assez problématique, car la religion peut être très dangereuse. Je ne suis adepte d'aucune religion monothéiste. Je crois que les monothéismes que nous avons connus au cours de l'histoire de l'humanité représentent davantage de dangers pour l'humanité qu'un véritable progrès. Bien sûr, ils contribuent aussi à d'importantes avancées pour la pensée des hommes et l'image qu'ils ont d'eux-mêmes. Mais si une religion proclame que son dieu est le seul et que les autres religions ne valent rien, on se trouve alors devant le danger qu'a probablement anticipé André Malraux. Francis Fukuyama[19] a repris le sujet et formulé cela d'une autre manière : selon lui, le XXIᵉ siècle sera le siècle de cultures en conflit.

Une telle perspective devrait être dépassée, et je constate à vrai dire exactement le contraire ! Je crois que Malraux avait raison en ce qui concerne l'existence des religions au cours de notre siècle. Mais il est pour moi particulièrement satisfaisant de voir que le Printemps arabe ne débouche justement pas sur une islamisation, mais qu'on essaie de combiner simultanément charia et valeurs démocratiques. On peut par conséquent espérer qu'il y aura certes des religions au XXIᵉ siècle, mais qu'elles cohabiteront fraternellement, comme cela est décrit dans l'article premier de la Déclaration universelle des droits de l'homme.

Question du public : *Monsieur Hessel, jeune homme vous avez connu l'antisémitisme. Nous sommes aujourd'hui à une époque où l'on parle régulièrement d'islamophobie ; on peut citer la Suisse, où les minarets furent comparés à des*

missiles sur des affiches électorales. Il y a aussi,
parmi un nombre infini d'exemples, le Danemark,
où la communauté musulmane fut blessée par les
caricatures du Prophète. Y a-t-il des similitudes ?
Qu'en pensez-vous ? Est-ce que cela vous inquiète ?

S. H. : Oh oui, je suis très inquiet de cette montée du nationalisme, de l'islamophobie et peut-être demain aussi de l'antisémitisme. De tels comportements ont toujours existé dans l'humanité. Qui est coupable ? Peut-être est-ce le système éducatif tel qu'il est devenu ces dernières années dans nos sociétés ? On a donné trop d'importance au fait d'être le meilleur et le plus fort, ou bien au fait que l'on doive s'affirmer contre les autres. J'aime toujours parler de la mentalité des gens, et une mentalité particulière s'est installée au cours des dernières décennies. La concurrence est devenue très importante dans le domaine économique. Les jeunes gens se disent qu'ils doivent obtenir le meilleur emploi dès qu'ils sortent de l'école, sinon ils ne se sentiront plus utiles. On a besoin d'un emploi, c'est sûr, mais la vie privée et l'appropriation de l'art et de la culture ont perdu de leur force. Nous devons travailler, si nous souhaitons atteindre ce but, à une nouvelle forme d'éducation de l'individu en nous référant à d'excellents pédagogues comme Janusz Korczak[20]. Nous pouvons faire progresser la prochaine génération – celle de mes cinq arrière-petits-enfants, qui ont maintenant sept, six, cinq, quatre et trois ans –, son éducation et la société entière vers un état d'esprit qui serait empreint de fraternité et non de concurrence. La question est posée au public : est-ce possible, ou bien est-ce la plus mauvaise de toutes les utopies ? Alors, soyez vigilants, s'il vous plaît, mesdames et messieurs !

Question du public : *Vous vous êtes indigné contre les agissements de l'économie financière. Si l'on suppose avec vous que les problèmes ne peuvent plus être résolus au plan national, je souhaiterais vous demander comment vous imaginez une coopération transnationale et comment nous pouvons, en tant qu'individus isolés, nous y impliquer.*

S. H. : Oui, vous avez tout à fait raison, ces problèmes ne peuvent trouver une solution qu'au plan international. Se pose donc la question : avons-nous les instruments nécessaires ? Je réponds : oui, nous les avons !

Nous avons non seulement l'Organisation mondiale du commerce (OMC) mais nous avons aussi le Haut-Commissariat aux droits de l'homme, nous avons le Fonds monétaire international (FMI) et nous avons la Banque mondiale. Ces diverses organisations, ces instruments pourraient mettre à notre disposition des solutions si les États les plus importants se rassemblaient.

Pour sortir de la crise actuelle, ces États devraient admettre que c'est à l'échelle de la planète qu'il faut consentir des efforts et prendre des dispositions. Ils pourraient influer sur l'équilibre de l'économie mondiale ! Mais aujourd'hui, on en vient plutôt à une précarisation de larges régions du monde. On crée d'immenses fossés qui rendent impossible une avancée commune. Il est vrai que le besoin d'harmoniser les économies au niveau de la planète n'est pas encore clair pour tout le monde, et je pense ici à de nombreux hommes politiques. Il ne s'agit pas de dire que tous les hommes politiques sont mauvais, bien au contraire. Beaucoup d'entre eux sont très bons et voudraient combattre ces inégalités. Mais ils n'arrivent pas à s'unir suffisamment parce qu'ils doivent être réélus ; ils doivent penser à leur propre pays avant de penser aux autres. Le philosophe et écrivain français Montesquieu disait en substance ceci : quand je connais quelque chose qui est bien pour moi mais mauvais pour ma famille, alors je dis non. Quand je connais quelque chose qui est bon pour ma famille mais mauvais pour mon pays, alors je dis également non. Quand je connais quelque chose qui est bon pour mon pays mais mauvais pour le monde, alors je dis non de la même façon[21]. Nous avons affaire ici à un vrai citoyen du monde, et c'est précisément de ce type d'individu dont nous avons besoin !

A. M. : *Merci. Pour clore la discussion, je me propose de vous relire la dernière phrase du « petit livre » de M. Hessel. Voudriez-vous la lire vous-même, monsieur Hessel ?*

S. H. : Oui, volontiers ! « Créer, c'est résister. Résister, c'est créer ! » Il s'agit bien sûr d'une phrase tout à fait abstraite lorsqu'elle est dite hors de tout contexte. Mais que signifie-t-elle ? Si l'on pense que la création rencontre toujours des résistances et que résister ne se réalise vraiment que si l'on crée quelque chose, alors je peux ce soir prendre congé de vous, cher public, avec ce message : relevez-vous, résistez et créez !

Ayez de la compassion ! Au seuil de la société mondiale

Discussion avec Roland Merk

Vers une politique transnationale

Roland Merk : *Monsieur Hessel, dans votre discours de Zurich, vous avez dit : « Aucun pays ne peut désormais espérer avancer seul, sans lien avec l'ensemble de la société mondiale. Voilà ce qui est nouveau à notre époque ! Nous devons tous en faire l'apprentissage et nous engager ensemble. » J'aimerais ainsi sonder plus précisément avec vous cette situation nouvelle et évoquer les revendications que vous tirez de ce constat. Depuis la parution de vos livres* Indignez-vous ! *et* Engagez-vous ! *vous vous interrogez de plus en plus sur la manière de réussir sa vie dans un monde de dépendances mutuelles, vous parlez de « monde interdépendant ». « Nous devons préparer un monde futur fondé sur la compassion », dites-vous encore à Zurich. Mettre l'accent sur le fait que nous vivons dans un monde interdépendant modifie de façon décisive la place de l'individu sur la planète et la liste de ses revendications potentielles. Évoquons donc ensemble plus en* *détail cette perspective et de nouveaux thèmes qui vous tiennent à cœur ! Vous êtes revenu comme moi récemment de Tunisie, commençons donc avec le Printemps arabe qui fait date et qui est important pour l'ensemble de la société mondiale.*

De la place Tahrir[1] à Wall Street, de la Grèce à l'Allemagne en passant par l'Espagne, on s'indigne. Votre livre Indignez-vous ! *est paru en France à l'automne 2010. Aviez-vous prévu cette vague d'indignation des pays arabes et occidentaux en 2011 ou avez-vous été surpris ?*

Stéphane Hessel : Je suis tout à fait surpris, et je cherche une explication. À quoi tient cette incroyable répercussion ? Je dirais qu'en cette première décennie du XXIe siècle, nous vivons dans un monde incertain. Nous savons tous que nous sommes en pleine crise économique. Nous ne savons pas si elle s'est déjà stabilisée ou si nous sommes au beau milieu de celle-ci, mais, en tout cas, la situation montre que beaucoup de gens ne se sentent pas en sécurité. Si on leur dit qu'ils doivent s'indigner parce que leur dignité en tant que personnes a été blessée, ces gens tendent l'oreille. Bien entendu, cela ne suffit pas d'encourager les gens à s'indigner. Il faut également leur dire face à quels dangers ils se trouvent, des dangers qui justifient cette indignation. Un mois après la publication de mon petit livre survint le Printemps arabe : d'abord les révoltes en Tunisie et en Égypte, puis en Libye et finalement même en Syrie. Dans quelques pays du pourtour méditerranéen, on éprouve un important besoin d'être gouverné autrement. C'était le cas en Espagne, où – étrange conséquence – mon livre a été traduit non seulement en castillan mais aussi en catalan et dans d'autres langues du pays.

R. M. : *À Tunis et au Caire, on pouvait entendre :* « Dégage ! », « Kifaya ! » *(Assez !) ou* « Game over ! ». *En Espagne, on se référait à votre petit livre* Indignez-vous ! *et on a donné au mouvement le nom de* « Indignados ». *Pensez-vous que nous nous trouvons à la veille d'une indignation globale ?*

S. H. : Oui, les situations observées de par le monde sont issues d'un phénomène commun. Elles sont causées par la trop grande puissance des marchés financiers qui ne sont pas transparents et qui ne sont pas contrôlés par la politique. Beaucoup de gens se disent qu'ils ne peuvent plus compter sur leurs gouvernements, puisque ceux-ci ne peuvent se défendre contre l'influence des marchés financiers et qu'ils ne peuvent se sortir de la crise par eux-mêmes. Ces circonstances renvoient à un phénomène global. C'est pourquoi on ne trouve pas seulement cette indignation dans des dictatures comme la Tunisie et l'Égypte, mais aussi dans des pays démocratiques comme la Grèce, l'Irlande, l'Espagne ou la France.

R. M. : *Dans une lettre intitulée* Solidarity Letter from Cairo, *des militants de la place Tahrir écrivent au mouvement Occupy Wall Street :* « Toute une génération dispersée sur le globe a grandi avec l'impression, tant émotionnelle que rationnelle, de ne pas avoir d'avenir face à l'ordre actuel des choses. » *Les militants égyptiens se réfèrent aux mesures d'ajustement structurel de l'ère Moubarak qui avaient été imposées au pays par la Banque mondiale et le Fonds monétaire international et qui ont mené à l'abandon du service public en Égypte – une réalité qui pointe aussi en Occident avec les problèmes de la dette et de la politique d'austérité. Quel est votre point de vue ?*

S. H. : Oui, je pense que c'est quelque chose de fondamental. Nos problèmes ne peuvent plus être résolus au plan national, ni en Tunisie, ni en Égypte, ni en Europe. Même l'espoir que l'Union européenne soit assez forte pour régler les problèmes des États européens ne va désormais plus de soi. Ce qui se passe en Grèce, en Espagne ou en Italie, et qui peut encore se passer dans d'autres pays, dépend d'un certain ordre du monde. Les deux grandes menaces qui pèsent sur l'ordre du monde sont une trop grande richesse d'une part et une extraordinaire pauvreté d'autre part. Le slogan « Nous sommes les 99 % » des manifestants qui s'étaient retrouvés devant Wall Street y fait allusion.

R. M. : *N'est-ce pas très étonnant qu'aujourd'hui les gens de la place Tahrir communiquent avec ceux d'Occupy Wall Street ? Il n'y a pas si longtemps, on parlait encore de « choc des civilisations » !*

S. H. : Oui, mais c'est en train de changer. Il est intéressant de constater que le discours sur le « choc des civilisations », cette idée de Samuel Huntington[2] selon laquelle les cultures s'affrontent entre elles, n'est plus d'actualité. Il est par exemple très significatif de constater que le parti

Ennahda en Tunisie a tout de suite et clairement fait savoir qu'il ne voulait pas de l'islamisme mais d'une démocratie islamique. Cela veut dire également que le besoin de chacun, du citoyen, oui disons-le, du citoyen du monde, est partout le même. Son message est celui-ci : les problèmes de fond des individus doivent être réglés maintenant, c'est-à-dire les problèmes relatifs à la production et à la répartition de la nourriture, les problèmes économiques et ceux de la santé et de l'éducation ! Et si les gouvernants – qu'ils soient tyrans ou démocrates – ne veulent pas s'atteler à ces questions, ils devront alors compter avec l'indignation, qui se généralisera à tous les citoyens !

La situation est naturellement très différente selon les pays. On ne peut les comparer tous entre eux. Néanmoins, l'idée que l'on doive résister parce que cela ne peut plus continuer ainsi a gagné beaucoup d'esprits ! J'ai déjà évoqué dans mon discours de Zurich les dangers qui affectent le monde actuellement. J'ai parlé du clivage entre les pauvres et les riches qui s'accentue de plus en plus. Mais ce qui est peut-être encore plus dangereux est la manière dont nous traitons notre planète Terre. Nous savons que l'eau potable se fait de plus en plus rare et que notre consommation d'énergie, en particulier d'énergie nucléaire, pose un énorme problème. Nos problèmes sont des problèmes globaux, mais l'indignation est locale. La somme de toutes les indignations renvoie toutefois à quelque chose de global, à des problèmes et des dangers mondiaux !

La nécessaire adaptation
de l'Occident

R. M. : *L'année 2011 a été le théâtre de deux boule-versements. Tout d'abord, les révolutions tunisienne et égyptienne ont remis en question les préjugés de l'Occident sur l'islam et sur les Arabes, qui circulaient depuis le 11 Septembre. Les révolutions pacifiques de Tunisie et d'Égypte ont donné une tout autre image des gens que celle diffusée par les médias occidentaux depuis cette date. Et puis avec Fukushima, c'est notre folie liée à l'efficacité technique qui a été mise en cause. L'Occident a-t-il un problème ? Où en est-on avec l'exigence des Lumières de se comporter de façon critique vis-à-vis de soi-même ? Pourquoi l'Occident doit-il toujours être à nouveau tiré de son sommeil ?*

S. H. : Je pense que l'Occident n'est plus ce qu'il était il y a encore dix ans. Nous fûmes par le passé ceux qui déterminèrent l'histoire mondiale. Quand nous allions bien, le monde allait bien ;

quand nous n'allions pas bien, le monde n'allait pas bien. C'en est maintenant terminé. Nous vivons dans un monde où la Chine est devenue si importante qu'on a pensé à elle pour aider économiquement une Europe affaiblie. Le Brésil, la Russie, l'Inde et la Chine (les Bric) jouent un rôle de plus en plus important. L'Occident doit se préparer à devenir une entité parmi d'autres. Cela représente aussi une nouvelle perspective pour les valeurs européennes et occidentales réunies ! Nous devons pouvoir défendre nos valeurs fondamentales, comme les droits de l'homme. Mais nous ne devons le faire que si nous pouvons les associer à d'autres cultures. Ce qui est intéressant dans le Printemps arabe, c'est qu'il ne veut pas se fonder sur un avenir purement islamique, mais souhaite allier l'islam à la démocratie. Cela signifie pour nous prendre ensemble le chemin démocratique, si tant est que nous soyons bien à l'écoute de ce que souhaite le monde musulman. C'est bien entendu ce que je souhaite aussi tout particulièrement, étant donné que mon histoire personnelle est liée à la Déclaration universelle des droits de l'homme de 1948. Les droits de l'homme doivent prendre part à notre avenir, c'est ce que j'espère.

R. M. : *Mais c'est bien là aussi le problème. Il y a le mot d'ordre de l'Occident, mais le message parvient différemment à son destinataire. Pendant longtemps quelques ténors de l'Ouest se sont demandé si l'islam et la démocratie pouvaient être compatibles. Et quelques jours avant la révolution tunisienne, on donnait encore en France du « Mon ami Ben Ali » au dictateur ! Au regard d'une telle politique extérieure, dans quelle mesure l'Occident peut-il être crédible pour l'ensemble des Tunisiens et des Arabes ?*

S. H. : Nous devons tout simplement nous débarrasser de la peur. Dans les années qui ont suivi le 11 Septembre, nous avons vécu dans un monde où nous avions peur de l'islamisme et d'al-Qaida. Les pays musulmans nous ont semblé dangereux parce que nous nous disions qu'ils pouvaient se tourner vers al-Qaida. La devise de l'Occident était : « Il est mieux pour nous d'avoir affaire là-bas à des tyrans avec lesquels nous pouvons nous entendre, même si nous ne les apprécions pas particulièrement. Ils sont tout de même préférables à cet ouragan de l'islamisme. » C'est précisément à cette peur redoutable que nous devons désormais nous soustraire, car elle n'est pas justifiée. Malheureusement, nous avons encore peur d'un ou deux pays : l'Iran et la Syrie. Mais cette situation touche maintenant à sa fin. Nous devons désormais comprendre que le danger ne consiste pas seulement dans le fait que les successeurs de Khomeyni sont toujours au pouvoir en Iran. Nous devons être conscients que nous n'aurons pas de véritables relations avec les pays islamiques tant que nous n'accepterons pas qu'ils puissent être à la fois musulmans et démocratiques.

R. M. : *Le christianisme fut un facteur culturel mais aussi un facteur politique qui a joué un rôle important au temps du nationalisme, au XIXᵉ siècle, et plus tard au XXᵉ siècle avec par exemple en Italie le parti Democrazia Cristiana. L'ancien ministre des*

Affaires étrangères Alain Juppé a affirmé, en avril 2011 à l'Institut du monde arabe, qu'il était grand temps que le dialogue s'ouvre « sans complexe aux courants islamiques ». Cette prise de conscience ne vient-elle pas trop tard ? Quelques sociologues français ont depuis longtemps mentionné et démontré que serait identifiable dans l'islam modéré un moteur économique semblable à celui du protestantisme qui, selon la thèse de Max Weber, a joué un grand rôle pour le capitalisme européen.

S. H. : Sur ce point, on doit être prudent. Il y a bien sûr dans toutes les religions, dans le christianisme que vous avez déjà mentionné, mais aussi dans l'islam et dans le judaïsme, des tendances extrêmes. Il y en a toujours eu. Nous avons eu les croisades et l'Inquisition, qui sont très enracinées dans la mémoire historique de l'Europe. Mais il est clair que cet appel et cette sensibilité pour les droits de l'homme et la démocratie prennent de l'ampleur partout, dans les États africains et les États musulmans. Nous avons bien l'Indonésie et la Turquie qui sont de bons exemples de pays musulmans soucieux de se développer démocratiquement. C'est ce que nous devons désormais comprendre : nous devons dépasser cette peur de l'islam. Sur ce point, Alain Juppé a tout à fait raison : cette voie existe !

Mais on doit aussi dire que le fondamentalisme islamique peut devenir très dangereux quand la pauvreté y est mêlée. C'est le cas par exemple quand ces pays s'appauvrissent et n'ont pas de perspectives économiques. C'est pourquoi nous avons une grande responsabilité ; mais par bonheur nous ne sommes plus les seuls à exercer cette responsabilité. La Chine et l'Inde sont aussi responsables. Et nous possédons une institution à travers laquelle ces responsabilités sont partagées et peuvent être formulées officiellement, ce sont les Nations unies. Cela suppose une compréhension des différentes cultures et beaucoup de respect pour harmoniser les valeurs portées par celles-ci.

R. M. : *Mais le comportement des pays industriels face à l'Égypte et à la Tunisie pendant le sommet du G8 à Deauville, au printemps 2011, fut honteux. Très peu d'argent a été mis sur la table, des sommes infimes correspondant à peu près aux dépenses militaires nécessaires pour deux mois en Irak. Entre-temps, on a promis un soutien financier plus important, mais on peut se demander si l'Occident assume sa responsabilité envers ces jeunes démocraties. Il n'est même pas question d'ajourner les intérêts de leur dette !*

S. H. : Il est très clair que nous restons comme avant du côté des riches. Pour cette raison, nous devrions entretenir des relations plus coopératives avec les pays pauvres. Nous promettons de l'aide depuis cinquante ans aux pays en voie de développement. Mais nous l'avons dit et n'avons, en fin de compte, rien fait. Au contraire, nous avons exploité les matières premières qui avaient une valeur internationale sur les marchés et en avons tiré profit. Nous avons besoin, pour l'alimentation des sept milliards d'êtres humains que nous sommes désormais, de plus de moyens pour l'aide au développement et à l'agriculture que ce que nous avions prévu jusqu'à maintenant. Nous devons être à l'écoute et nous demander comment nous pourrons donner la possibilité à tous ces pays de nourrir leur peuple grâce à leur propre agriculture. Ces idées sont exprimées dans les grandes organisations internationales, notamment à l'Organisation des Nations unies pour l'alimentation et l'agriculture (FAO) ou dans le cadre du Programme alimentaire mondial (WFP).

Un nécessaire enthousiasme

R. M. : *Emmanuel Kant parlait dans son traité,* Le Conflit *des facultés, de l'enthousiasme des peuples pour la Révolution française et y voyait un « signe historique » pour le progrès de l'humanité en général. Mais ne cultivons-nous pas plutôt aujourd'hui une culture du soupçon à l'égard d'étrangers, de peuples qui font aujourd'hui la révolution ? N'avons-nous donc pas besoin aussi d'enthousiasme, en plus de l'indignation ?*

S. H. : Oui, ces peuples qui se libèrent aujourd'hui expriment de l'enthousiasme. Ne trouvez-vous pas, vous qui revenez comme moi de Tunisie, qu'on constate immédiatement sur place l'élan de la population ? Même s'ils ont très clairement conscience que ce ne sera pas facile, ils gardent tout de même espoir ! Mais notre situation à tous ne semble pas très prometteuse. On dirait que nous allons au-devant d'encore plus de difficultés ! Notre style de vie ne va pas pouvoir s'améliorer car, pour des raisons écologiques, nous devons décroître au lieu de nous développer de façon continue au plan économique. Une telle situation n'est évidemment pas propice à l'enthousiasme. Même si un enthousiasme révolutionnaire ne verra pas le jour, j'espère cependant que mes livres parleront au cœur des gens et renforceront leur générosité, leur amour et leur respect pour les autres individus, ainsi que leur enthousiasme pour l'art et la poésie ! Nous redeviendrions alors des hommes qui n'auraient plus peur que leurs enfants n'aillent pas aussi bien qu'eux demain et qui pourraient s'engager sur la voie d'un monde nouveau. Comme l'a si bien dit mon ami Edgar Morin : « Nous sommes peut-être des chenilles qui nous métamorphoserons en papillons ! » Si l'on considère précisément cette image, un certain enthousiasme peut alors surgir. Mais cela signifie également que nous devons d'abord venir à bout des problèmes concrets. En tant qu'États isolés, nous ne pouvons plus résoudre les problèmes. Pour cela, nous n'avons plus seulement besoin de l'Europe, mais aussi d'une organisation mondiale, et je pense ici aux Nations unies !

R. M. : *Vous parliez de « métamorphose » de l'humanité. Vous ne réclamez pas moins, dans le livre que vous avez récemment publié avec Edgar Morin,* Le Chemin de l'espérance, *une « renaissance de l'humanité », en référence à l'époque de la Renaissance, afin de maîtriser les problèmes de notre temps. Avec au premier plan une réforme de la pensée, de l'économie et de la politique, ainsi qu'une nouvelle éthique. Dans votre livre* Tous comptes faits... ou presque[3], *vous formulez une autocritique :* « *L'indignation était une première étape, nécessaire et insatisfaisante. Il nous faut aussi une pensée, une perspective, une volonté de faire autrement !* » *Il me semble que depuis* Indignez-vous ! *et* Engagez-vous ! *vous réfléchissez de plus en plus à la manière dont cette exigence de transformation du monde – un monde de dépendances réciproques que vous nommez « monde interdépendant » – peut être mise en pratique. Ce changement de perspective modifie-t-il la position de l'homme indigné dans le monde ?*

S. H. : L'indignation et l'engagement sont pour moi très importants, car l'homme ne devient homme que quand il sait s'indigner. Tant qu'il ne le fait pas, il n'est pas complètement homme. Mais l'indignation et l'engagement ne sont qu'un début, seulement un début ! On vit tout d'abord dans un monde que l'on ne peut accepter parce qu'il n'est pas comme on le souhaite. Il est alors bon de s'indigner. Mais cela signifie aussi que l'on doit contribuer à construire un autre monde. Et cet autre monde doit être le résultat des expériences d'une époque dont on est issu. On ne va donc plus seulement se référer à des situations particulières, mais on voudra avoir en tête le grand tout. De cette manière, on va se frotter à ce que j'appelle « le seuil ». Nous vivons actuellement à la charnière qui sépare l'ancien monde, qui n'a pas encore eu besoin de compassion, d'un monde nouveau, qui ne s'en sortira pas sans compassion. Compassion, solidarité, c'est ce qui transforme le monde et aussi ce qui fait avancer notre engagement.

La compassion
Pour une réforme de la pensée

R. M. : *Albert Camus écrit dans* L'Homme révolté *: « Je me révolte donc nous sommes. » Mais ce « donc » n'est pas logique. Vous, vous introduisez entre le « je » et le « nous » la compassion, car pour nous indigner ensemble, nous avons aussi besoin de compassion et de nous mettre à la place des autres. Face à la crise de l'humanité, s'indigner et s'engager reste insuffisant tant que, dans le même temps, nous ne sommes pas conscients du fait que toute action se situe dans un contexte. Ce contexte est, selon vous, le monde interdépendant dans lequel tout et tous – homme et nature – dépendent les uns des autres. C'est pourquoi vous demandez qu'à cette action globale existante vienne se greffer une conscience globale de cette dépendance réciproque, et c'est là que la compassion joue visiblement un grand rôle.*

S. H. : Voici ce que j'essaie de dire : si quelqu'un veut s'indigner et s'engager, il doit aussi franchir une nouvelle étape pour penser autrement le monde, pour atteindre une pensée globale. Nous nous trouvons au cœur d'une « polycrise », comme l'explique Edgar Morin. Celle-ci nous tient prisonniers et il sera nécessaire de prendre le taureau par les cornes pour s'en échapper. Cette crise est sérieuse et nous n'en sortirons que si nous apportons et renforçons un élément nouveau que j'appelle la « compassion ». Ce dont nous avons besoin aujourd'hui, ce sont des qualités humaines comme la participation, la pitié, l'empathie, la compréhension, bref les forces solidaires de l'humanité.

R. M. : *La compassion, que vous opposez avec force à ce que vous appelez la « pensée jalouse », serait donc une composante essentielle de cette réforme de la pensée, de cette nouvelle pensée globale ?*

S. H. : Exactement. L'humanité a un long chemin derrière elle et nous vivons maintenant dans une société mondiale de sept milliards d'individus. Dans ce contexte, une question se pose : la société mondiale actuelle s'est-elle engagée sur la voie de sa propre destruction ? La réponse est la suivante : oui, beaucoup de choses le font penser, parce que nous ne montrons pas suffisamment de compassion mais, qu'au contraire, nous pensons avec jalousie et sommes devenus des êtres jaloux. Notre matérialisme veut toujours plus et nos techniques se déploient de plus en plus. Il semble aujourd'hui que nous sommes sur le point – au bout de ce long chemin sur lequel se trouvaient au départ quelques millions d'hommes et qui compte désormais sept milliards de citoyens du monde – de nous détruire. Les êtres humains ont tant exploité la nature et leurs semblables que nous pouvons envisager une fin proche si nous ne changeons pas avec toute notre détermination le cours des choses !

R. M. : *C'est pourquoi nous avons besoin, pour nous-mêmes en tant qu'individus, mais aussi pour la nature, de cette sensibilité compassionnelle et solidaire. Qu'associez-vous cependant au mot « compassion », vous parlez en effet d'un concept ?*

S. H. : C'est quelque chose de plus fort que la sympathie ; elle peut comprendre aussi de la pitié, mais elle est moins condescendante que celle-ci. Nous, les êtres humains, nous souffrons ensemble. Nous souffrons de ce qui nous manque ou de ce qui ne nous satisfait pas, mais aussi de ce qui fait défaut aux autres ou qui ne les satisfait pas. Cela nous montre la nécessité de penser au-delà des objectifs que nous avons choisis. La compassion est pour moi un sentiment qui ne s'en tient pas à lui-même, mais qui inclut révolte et volonté d'aider. En compatissant, je me mets à la place de l'autre, de sa souffrance, de son bonheur, et je me solidarise avec lui.

R. M. : *Vous avez souligné à plusieurs reprises que tout être est dialogue, un discours qui me fait penser à la philosophie d'un Martin Buber[4] ou d'un*

Emmanuel Levinas[5]. Le dialogue passe donc aussi par la compassion ?

S. H. : Tout à fait. Le préfixe « com- » dans le mot « compassion » indique que nous sommes en lien avec toute chose, bien avant que nous nous tournions vers telle ou telle chose en particulier. Depuis au moins cinquante ans, nous avons compris que notre manière de nous comporter avec le monde est devenue très dangereuse. L'anthropologie et l'écologie ont fourni des approches pour une nouvelle forme de pensée qui mérite d'être encore approfondie. J'en reviens toujours au fait que nous avons plusieurs façons de nous entendre avec les autres. Nous avons la raison et l'intelligence, elles nous sont indispensables ! Mais nous avons aussi le cœur et les sentiments. Nos sentiments sont constitués de cinq expériences relatives aux cinq sens. Grâce à eux nous disposons d'un sens significatif qui les domine et les synthétise et que je voudrais, inspiré par la philosophie d'un Merleau-Ponty et d'un Emmanuel Levinas, mettre fortement en évidence en parlant de la « compassion ». Je comprends la compassion comme le fondement d'un nouveau « vivre ensemble » politique. Elle apporte les relations solidaires qui permettent l'établissement d'une société mondiale.

R. M. : *Vous mentionnez les philosophes français Merleau-Ponty[6] et Emmanuel Levinas, qui ont, chacun à sa manière, remis en question la pensée traditionnelle divisant le monde en deux parties, avec d'un côté le sujet et de l'autre l'objet. Cela m'amène à*

un autre élément constitutif de la réforme de la pen-
sée que vous souhaitez. Vous dites en effet vous-
même que la philosophie occidentale avance
davantage de façon analytique que synthétique et
que c'est un problème fondamental.

S. H. : Oui, parce que c'est justement cette division entre le « moi » et le « non-moi », avec l'individu d'un côté et la nature de l'autre, traversant
comme un leitmotiv la pensée occidentale, qui a
mené l'humanité à cette crise, car elle ignore le fait
que tout se structure dans le dialogue. Le mot allemand *Umwelt* (généralement traduit par « environnement ») renvoie lui-même à ce dialogue
entre l'individu et le monde qui l'entoure. On ajou-
tera qu'en Occident nous sommes aussi marqués
par le christianisme. Et cette religion demande
aux individus d'être les sujets de la Terre. On doit
se détacher de cette manière de penser, car elle
mène directement à la destruction.

R. M. : *Vous évoquez la pensée occidentale comme*
un problème et proposez comme solution d'autres
modèles de pensée.

S. H. : Oui, pour renouveler notre pensée nous
pouvons nous tourner vers les expériences
d'autres cultures. Si l'on regarde autour de nous,
on s'aperçoit que les pensées africaine et asiatique
sont beaucoup plus riches en compassion et en
dialogue que ne l'est notre pensée occidentale, qui
se concentre sur le sujet. Nous devrions prendre
en compte la sagesse de ces cultures et leurs

expériences morales, elles seront utiles à la société mondiale qui se met en place.

R. M. : *Dans son éthique, Kant a toujours pris comme référence l'« humanité », notamment dans cette version de l'impératif catégorique : « Je ne dois jamais me conduire autrement que de telle sorte que je puisse aussi vouloir que ma maxime soit vouée à devenir une loi universelle[7]. » Mais cela n'avait encore rien à voir avec l'humanité réelle. Nous vivons aujourd'hui l'avènement concret de celle-ci et nous avons également affaire à des cultures diverses. Là aussi, vous accordez votre préférence à la compassion. Pourquoi ?*

S. H. : Parce que nous devons nous mettre en empathie avec ces différentes cultures afin de comprendre l'autre et parce que, contrairement à l'époque de Kant, nous avons très concrètement affaire à une société mondiale. Seule la compassion, je le répète, encourage la solidarité entre les peuples.

R. M. : *Dans la compassion, dans la pitié, je peux trouver une orientation pour mon action car ce qui n'est pas supportable s'exprime dans la douleur ou le mal. Le philosophe américain Richard Rorty[8] cherche ainsi à sauver dans la compassion pour autrui et sa souffrance une « forme faible » de l'universalisme car, si la souffrance n'était pas universelle, on devrait alors admettre que les êtres humains souffrent différemment en fonction de leurs cultures respectives – ce qui n'est pas le cas. Lorsque les Droits de l'homme ont été rédigés en*

1948, était-ce la même idée qui était à l'œuvre : sauver un certain universalisme qui pourrait donner aux différentes cultures des consignes d'action communes ?

S. H. : Ce fut effectivement tout au long de notre travail la chose la plus importante que nous ayons trouvée. Nous aurions pu nous en tenir aux diverses religions ou à certaines idéologies courantes ou à des éthiques mais, finalement, au bout de notre longue recherche se trouvait le mot « dignité » qui apparaît dans l'article premier de la Déclaration universelle : « Tous les êtres humains naissent libres et égaux en dignité et en droits. » Toutes les cultures comprennent le mot « dignité ». Le Printemps arabe s'est fait et se réalise sous le signe de la *karama*, le mot arabe qui signifie « dignité ». C'est aussi pour cela que le titre de mon petit livre en français *Indignez-vous !* est très important. La traduction allemande *Empört Euch !* ne rend pas compte de cela. On peut se révolter sans dignité, mais on peut seulement s'indigner quand on considère que sa dignité a été blessée. C'est toute la différence, et je ne cesse d'attirer l'attention sur ce point.

R. M. : *La dignité ne fait pas seulement référence à la dignité morale mais aussi à l'intégrité physique.*

S. H. : Vous avez raison. La pierre se contente d'être là, mais l'existence de l'animal annonce la dignité qui devient chez l'homme une dignité consciente. C'est pour moi le point décisif. Nous possédons quelque chose qui nous a peu à peu différenciés des autres composantes de la nature et qui représente un espoir autant qu'un danger – un espoir si nous voulons nous développer avec la nature, un danger si nous nous fermons et nous affirmons comme des êtres absolument différents et qui seraient plus forts qu'elle. On tombe alors dans la situation que nous venons d'évoquer : une humanité qui a certes énormément évolué mais qui va droit dans le mur ! Il est intéressant de se demander dans un tel contexte à quel moment nous, les humains, avons pris conscience pour la première fois de notre dignité. Probablement était-ce à l'époque de la philosophie grecque. Pour la première fois, l'individu s'est ressenti comme un être capable de réfléchir à ce qui pouvait lui advenir – et non plus comme un être abandonné aux mains de la nature – et il est alors devenu lui-même, pour ainsi dire, une parcelle de divinité. L'individu s'est à ce moment-là délivré du simple « donné », et c'est grâce à cela que nous avons la possibilité de poursuivre l'œuvre de l'humanité !

Un monde interdépendant

R. M. : *Vous soulignez que tout tient dans le dialogue. Qu'est-ce pour vous qu'un « monde interdépendant » ?*

S. H. : Nous savons que ce que nous faisons est étroitement lié à ce que d'autres font. Nous faisons l'expérience de cette dépendance et de ce lien tout naturellement dans notre enfance, puis en tant que père, en tant que mère, dans notre famille et dans la société. Chacun d'entre nous n'est pas seul sur cette Terre, mais aujourd'hui nous nous individualisons trop fortement. Peu importe donc ce que pensent de nous nos pères, nos fils ou nos mères. Là est le danger. Bien sûr, c'est dans la relation de l'homme à la nature que cette dépendance générale s'illustre en particulier, car nous sommes une part de la nature !

R. M. : *Et c'est là que se cache un danger sur lequel vous attirez souvent notre attention. En se focalisant sur le « sujet », les Occidentaux ont abouti à la formulation des droits de l'homme mais, après le triomphe colossal de l'individu sur tout, se pose la question : les droits de l'homme ne seraient-ils pas l'expression de cette supériorité, de cette suprématie de l'homme sur la nature ? Ne devrait-on pas formuler une nouvelle Déclaration des droits de l'homme – non parce que la précédente n'est pas suffisamment actuelle, mais pour l'élargir à une liste des droits de la nature ?*

S. H. : Dieu merci, nous avons, depuis la Conférence des Nations unies sur l'environnement – la première conférence sur ce thème qui a eu lieu à Stockholm en 1972 –, une liste de revendications qui est devenue il y a vingt ans à Rio l'Agenda 21 pour un développement durable. Nous savons de quoi nous avons besoin pour rendre justice à la nature. Nous connaissons les endroits où nous devons absolument la protéger, nous savons que l'exploitation des matières premières, des sources d'énergie et de l'eau doit satisfaire aux critères d'une gestion durable. Il y a des faits et des menaces connus. Nous ne pouvons pas simplement faire comme si nous ignorions tout cela aujourd'hui ! Effectivement, si nous pouvions élargir la Déclaration universelle des droits de l'homme à une déclaration générale des droits de la nature, nous mettrions en place une base importante pour la réforme que nous souhaitons réaliser.

R. M. : *La nature ne nous parle que sur le « mode négatif », en ce sens qu'elle nous montre ce qu'elle ne supporte pas. Ne devrions-nous pas en tenir compte ? Le philosophe allemand Hans Jonas[9] a ainsi critiqué l'impératif catégorique kantien en disant que celui-ci ne considère pas les effets de nos actions sur le long terme et réclame sa reformulation. Il propose cet impératif, plus adapté à notre époque : « Agis de façon que les effets de ton action soient compatibles avec la Permanence d'une vie authentiquement humaine sur Terre[10]. » À cela, il faut ajouter la Permanence d'une vie authentique de la nature sur Terre.*

S. H. : Oui, c'est exactement ce dont nous avons besoin. Dans ce contexte, nous avons aussi un beau texte de Peter Sloterdijk qui vient de paraître dans le recueil *Le monde n'a plus de temps à perdre*, auquel j'ai collaboré avec Edgar Morin, Michel Rocard et bien d'autres[11]. Oui, notre action doit aussi faire en sorte qu'il n'y ait plus de limitation à la coexistence future de l'homme et de la nature. On doit donc se demander, avant d'engager toute action, si elle aura des effets sur l'existence future de l'humanité et de la nature. Mais cette reformulation de l'impératif catégorique par Hans Jonas peut être encore complétée ; c'est le sens du texte de Peter Sloterdijk qui insiste, face à l'irréversibilité des processus naturels que nous déclenchons à travers nos actions, sur le fait qu'il n'y a plus de temps à perdre.

R. M. : *Et c'est pourquoi nous nous trouvons à un moment charnière qui ne nous mène pas nécessairement vers des lendemains qui chantent !*

S. H. : L'humanité n'a effectivement jamais été aussi sauvage et dangereuse que depuis quelques décennies. C'est ce qui est tragique et ce qui me ramène toujours à la notion de « seuil ». Comme j'ai déjà eu l'occasion de vous le dire, nous sommes passés, entre l'époque de l'homme de Cro-Magnon et aujourd'hui, d'environ 1,5 million à 7 milliards d'individus sur Terre. La rapidité avec laquelle nous nous sommes développés, en particulier au cours du XXe siècle, est aussi pour la philosophie, l'art et la créativité d'une importance extraordinaire. Nous pouvons évidemment prétendre, en pensant à Aristote ou à Galilée, ou aux inventions survenues pendant l'industrialisation, que nous avons vécu par le passé de grandes étapes. Nous ne devons pas oublier les possibilités que nous donneront à l'avenir les nanotechnologies – les individus n'auront finalement plus besoin du tout de faire les choses eux-mêmes parce que les machines seront capables d'accomplir intégralement des actions de façon automatique...

On pense bien sûr ici au roman d'Aldous Huxley *Le Meilleur des mondes* ou au roman d'anticipation de George Orwell, *1984*. Dieu merci, cela ne relève encore que de l'imagination, mais il s'agit tout de même d'un avertissement pour dire que l'homme remet sa liberté aux machines, en se croyant de plus en sécurité. Ce serait donc l'histoire de l'homme qui devient maître et prisonnier de la télé-technique[12] !

R. M. : *Oui, nous sommes des apprentis sorciers et nous ne nous débarrasserons pas si vite des esprits que nous invoquons. Un philosophe qui a réfléchi sur la modernité technique, Günther Anders*[13]*...*

S. H. : Oui, le premier mari d'Hannah Arendt...

R. M. : *Dans les années 1950, il a été le premier à nous demander – en prenant pour exemple la bombe atomique – de nous identifier aux techniques que nous avions nous-mêmes créées et d'en ressentir émotionnellement les effets à long terme. Il disait :* « *Appréhender quelque chose de manière intuitive.* » *Vous dites aussi que la mondialisation influe grandement sur notre conscience et vous nous demandez à votre tour d'amplifier notre conscience et notre compassion. Pourquoi ? Pour comprendre notre technique ?*

S. H. : Oui, c'est cela, pour que notre conscience soit en adéquation avec notre époque et pour expliquer la différence entre l'efficacité de nos techniques et leur sens ! Les nanotechnologies peuvent être efficaces mais, ici aussi, nous devons nous demander : quel est leur sens ? Les armes nucléaires peuvent être très efficaces, mais la même question se pose : où est leur sens ? Logiquement, nous en revenons toujours à l'idée du sens, de la réforme, et rencontrons la difficulté suivante : il est facile de comprendre pourquoi une réforme est nécessaire, mais il est plus difficile de comprendre pourquoi elle est possible ! Pour moi, la possibilité de la réforme dépend du sentiment, de la compassion. C'est la raison pour laquelle j'affirme aussi que la philosophie n'est plus possible, on ne peut plus parler que d'anthropologie. La pensée pure au sein de diverses possibilités de pensée n'est pas ce dont nous avons besoin !

R. M. : *Passons donc à la pensée pratique. Pour une société mondiale, il nous faut, à la place du « choc des civilisations », un enrichissement mutuel par le biais des différentes cultures.*

S. H. : Oui, nous avons désormais une nouveauté absolue dans l'histoire de l'humanité, une grande diversité de cultures et de civilisations dans notre champ de vision global ! La possibilité d'échanger entre nous et de voir ce que les différentes cultures peuvent apporter pour la construction d'une société mondiale solidaire n'a jamais été aussi grande qu'aujourd'hui. Dans ce contexte, ce fut pour moi une joie immense de rencontrer le dalaï-lama[14]. Je considère qu'il est très important qu'on nous montre, à nous, l'humanité considérée comme un tout, ces différentes manières de vivre. Nous ne pouvons pas nous contenter d'interroger la culture européenne ou occidentale. Il y a certes là beaucoup à découvrir, mais nous devons aussi prendre en compte les cultures asiatique, sud-américaine et africaine ainsi que leurs réponses spécifiques aux questions contemporaines de l'humanité, et soutenir ces différentes formes de dignité.

R. M. : *Du sens, de la dignité... je me demande en fin de compte si l'on peut encore parler légitimement de culture « digne » pour évoquer la culture occidentale, qui ne peut même pas être garante de son avenir.*

S. H. : Elle est remise en question de la même façon que l'est la dignité de toutes les sociétés. Elle n'est ni meilleure ni pire, et elle a d'énormes avantages.

R. M. : *Mais serait-elle éventuellement plus dangereuse ?*

S. H. : C'était effectivement le point de départ de nos réflexions. Nous disions pour commencer que nous n'avons jamais été aussi dangereux qu'aujourd'hui. Et nous parlions bien sûr de l'Occident. Mais je ne dirais pas que les cultures orientales sont plus avantagées. Le développement de la Chine peut être dangereux pour l'humanité si cela continue ainsi, non ? Nous sommes tous porteurs de danger. C'est pourquoi nous devons nous demander quelles sont les qualités des différentes cultures et quels éléments d'une culture pourraient enrichir les autres cultures et leur servir de modèle.

R. M. : *Vous utilisez aussi le mot « modèle » pour la pédagogie. Vous dites que nous manquons de modèles. Aristote avait déjà soulevé le problème : pour mener une « bonne vie », il faut de l'expérience. Or la jeunesse n'en a pas, donc elle a besoin d'éducation et de modèles. Que leur proposons-nous ? Nous avons bien de grandes stars comme Madonna ou bien d'autres. Que proposons-nous aux jeunes comme alternatives à ces vedettes ?*

S. H. : Malheureusement, depuis une vingtaine d'années, il semble qu'il y ait peu de personnages à qui l'on puisse se référer. Mais nous leur proposons les pensées de figures comme Pierre Mendès France[15], par exemple, ou Willy Brandt, ou Barack Obama. Pour moi, une personne comme Mary Robinson[16] a été très importante. On ne doit pas sous-estimer ce que de telles personnalités – qui s'engagent pour appréhender le monde autrement et le changer – peuvent apporter aux gens.

R. M. : *Je reviens sur la proposition toute simple que donne Aristote sur ce vers quoi toute chose tend. Sa réponse était : « Le bonheur. » Mais qu'est-ce que le bonheur aujourd'hui ? Quelle est la « bonne vie » et que nous faut-il pour la réussir ?*

S. H. : C'est justement dans ce contexte que nous retrouvons les notions de compassion, de dignité, de solidarité et de respect les uns envers les autres. Le bonheur de l'individu n'est pas à chercher indépendamment du bonheur des autres individus. Qu'est-ce que le bonheur pour nous ? L'homme n'a pas seulement un cerveau, il a aussi un cœur et c'est lui qui doit être fortifié. La pensée jalouse veut toujours plus et préfère le meilleur et le plus fort. En revanche, nous trouvons dans toutes les religions et dans toutes les philosophies une valorisation de la compassion, celle-ci ayant été jusqu'ici fortement refoulée. Ce sont justement ces énormes réserves de compassion dont nous avons parlé que nous devons mobiliser pour la réforme de l'humanité. Kant a mis l'accent, dans sa réponse à la question « Qu'est-ce que les Lumières ? », sur une réforme de la pensée – il ne prétendait pas à une révolution de la pensée. C'est la même chose pour moi parce que nous ne devons bien sûr pas réinventer la pensée. Nous avons cependant besoin d'une réforme de la vie et de l'économie parce que nous voulons construire sur nos acquis. Le bonheur, devant cette humanité dispendieuse, et Aristote le savait déjà, serait la modération. Mais dans la modération, la seule chose décisive n'est pas seulement de consommer moins de matières premières, il faut aussi les partager avec d'autres. Je repense ici à mon ami, le psychiatre Bernard Corbier, qui m'a appris que notre bonheur croît aussi grâce au partage avec autrui, à la compassion que nous avons pour autrui.

La fin de l'économie
néolibérale

R. M. : *Nous sommes aujourd'hui au beau milieu d'une énorme crise financière. Pour sortir de la débâcle économique, les gouvernements européens ont soumis les pays à une politique d'austérité qui a pour effets d'importants problèmes sociaux et une forte croissance de la précarité dans la zone euro. En Grèce et en Espagne, un jeune sur deux est au chômage et le taux de suicide a augmenté de façon importante. En moyenne, nous avons un chômage des jeunes dépassant les 20 % et un chômage général important qui touche toutes les générations. Dans les pays arabes, le niveau élevé du chômage des jeunes a conduit à la révolution. Ma question : où nous mène la politique de rigueur européenne ?*

S. H. : Nulle part, si ce n'est vers une situation dramatique ! C'est pourquoi nous devons sortir de cette politique, et ce avec la même rapidité et la même volonté que Roosevelt en 1932 quand il a mis en place le New Deal[17]. Nous comprenons un peu plus aujourd'hui, Dieu merci, l'économie mondiale. Nous savons pourquoi elle va mal. Il est donc grand temps d'entreprendre un tournant politique, de revenir à l'État-providence et de réintégrer socialement l'économie dans la société. En France, nous avons avec François Hollande un nouveau gouvernement au pouvoir. L'orientation politique catastrophique qu'avait prise la droite – sans oublier l'extrême droite, qui a le vent en poupe en Hongrie, en Grèce et aussi malheureusement en Allemagne, même si elle est moins présente dans ce pays qu'en France – doit être corrigée. Il est par conséquent tout à fait nécessaire de faire aujourd'hui un bond en avant.

R. M. : *Vous disiez à Zurich que « l'économie néolibérale touche à sa fin ». En avons-nous donc bientôt terminé avec l'ère de Milton Friedman ?*

S. H. : Oui, nous sommes restés trop longtemps attachés à Milton Friedman et aux idées néolibérales de l'école de Chicago. Il est grand temps de se libérer de ces idées et d'engager une réforme de l'économie. Il nous faut une nouvelle répartition des richesses. Dans tous les pays, il y a des gens qui détiennent trop de biens. Nous avons besoin d'une meilleure politique fiscale. Il ne s'agit pas uniquement de l'argent, mais des fins pour lesquelles nous le dépensons : des armes, de la drogue, de l'énergie nucléaire, etc. Il nous faut une nouvelle politique économique pour que les grosses dépenses rapportent aussi quelque profit aux particuliers. Nous avons besoin d'une institution qui ressemblerait à un conseil de sécurité économique, que Gorbatchev appelait de ses vœux en son temps, afin que nous puissions donner à la jeune génération le sentiment que les choses peuvent prendre un cours différent. Les pauvres doivent s'enrichir et les privilégiés, voire les très privilégiés, doivent perdre leurs privilèges comme ce fut le cas jadis pendant la Révolution française pour les membres de la noblesse et du clergé.

R. M. : *Des économistes dans la mouvance de l'organisation Attac voient seulement dans la politique d'austérité une nouvelle répartition des richesses du bas vers le haut. Et certains argumentent avec Naomi Klein[18] que cette politique n'est qu'une « thérapie de choc » économique que Milton Friedman recommandait en temps de crise ou lors de catastrophes naturelles pour faire passer des réformes désagréables, donc néolibérales. Avez-vous des propositions concrètes pour une nouvelle répartition qui permettrait de surmonter la crise ?*

S. H. : Il serait maintenant important d'établir une politique économique sur le modèle de John Maynard Keynes, autrement dit : l'État devrait investir. Mais pas à l'aveugle. Nous avons besoin d'une nouvelle manière de faire de l'économie, dans laquelle l'écologie et l'éthique ont un rôle important à jouer. Notre économie doit parier sur la qualité et non plus toujours miser sur la croissance et la quantité. C'est pourquoi nous devons faire de l'économie à la fois sociale et écologique. Dans ce contexte, le développement « soutenable » signifie qu'on doit préférer renforcer l'économie locale plutôt que de mondialiser à outrance. Nous devons aussi encourager le commerce équitable et investir dans des techniques alternatives comme l'énergie hydraulique ou solaire. En bref, dans la mesure du possible, il faut donner naissance à une économie sociale qui favoriserait la solidarité entre les nations et ne les mettrait pas sous la pression de la concurrence.

R. M. : *Mais la crise actuelle est avant tout le fait d'un capitalisme financier dérégulé dont souffre de plus en plus l'économie réelle parce que toujours plus d'argent passe des usines aux actionnaires, et peut se glisser ainsi dans des affaires spéculatives.*

S. H. : Oui, c'est comme cela que ça se passe. Ce que je propose avec Edgar Morin dans le livre *Le Chemin de l'espérance* est par conséquent la chose suivante : nous devons opérer un contrôle plus strict des banques et des transactions financières internationales. On doit augmenter les impôts pour que diminue l'argent dit « spéculatif » et que soient proscrits les paradis fiscaux au plan international. Nous avons en outre besoin d'une surveillance des agences de notation.

R. M. : *C'est un cercle vicieux pour certains économistes qui y voient une sorte de self-service : des agences de notation privées abaissent la solvabilité de certains pays à tel point que ceux-ci doivent payer beaucoup plus sur le marché pour accéder à l'argent prêté par d'autres institutions du secteur privé ! Face à cette crise de la dette, certains déplorent un manque de transparence démocratique, les décisions étant laissées au choix de technocrates, comme en Italie. Les théoriciens de la politique, comme Colin Crouch[19], parlent de plus en plus de la « post-démocratie » dans laquelle décident des groupes organisés de façon oligarchique plutôt que légitimés démocratiquement, et qui détiennent aussi les médias. Que pouvons-nous faire contre ces tendances ?*

S. H. : Contre cela, il y a, parmi d'autres, le mouvement Occupy Wall Street. La naissance d'une protestation durable, d'une indignation généralisée contre la manière dont se fait aujourd'hui l'économie, c'est ce qui est décisif ! D'où viendra le changement ? Il ne peut se mettre en marche que si des gens s'unissent, des jeunes gens en particulier, qui veulent changer la situation et qui ont la confiance de pouvoir le faire ; et ce changement se fera si les jeunes font pression sur les gouvernements et les marchés financiers et montrent leur propre responsabilité en tant que citoyens.

R. M. : *Vous pensez donc que cette manière de résoudre la crise de la dette, en privant de travail grand nombre de jeunes Européens, fera que la politique actuelle se minera d'elle-même ?*

S. H. : La seule chose à laquelle j'ai un peu contribué avec mon petit livre *Indignez-vous !* est d'avoir dit aux acteurs de la société civile : « Attendez, vous avez une responsabilité. Vous ne pouvez pas vous faire licencier et dire ensuite : "On ne peut rien faire contre cette situation." Ce n'est pas vrai ! Vous pouvez très bien faire quelque chose !

Soyez aussi nombreux que possible dans la rue afin que les gouvernements ne puissent plus fermer les yeux sur le problème. C'est à cette condition que changera votre situation, n'est-ce pas ? » Donc mon appel *À nous de jouer !* est à comprendre comme une invitation à prendre la politique au sérieux, à se confronter intensément à elle de sorte qu'on puisse forger de nouvelles formes de sociabilité pour faire évoluer la société et ses institutions ! À cela s'ajoute quelque chose sur quoi j'insiste toujours beaucoup : lorsqu'on regarde vraiment autour de soi et qu'on se demande ce qui se passe aujourd'hui, on voit d'une part que la jeunesse n'a plus de travail et d'autre part qu'il y a de plus en plus de groupes, de gens qui se réunissent et s'organisent. Si l'on est un peu attentif, on retrouve sans cesse cette agitation en arrière-plan, cette agitation positive !

Il y a donc beaucoup à faire ! Et les jeunes gens pourraient s'engager tout particulièrement pour des thèmes comme le développement durable et l'économie sociale, car ils vont déterminer leur avenir. Il faut soutenir les divers mouvements écologistes ainsi que des partis comme Les Verts qui montrent un engagement allant dans la bonne direction. Il faut de surcroît réclamer des réformes structurelles à l'Organisation mondiale du commerce (OMC) ayant notamment pour but de faciliter le développement économique des pays pauvres. Nous disposons de beaucoup d'instruments ! Mais si les jeunes gens se disent : « Nous n'avons pas besoin d'instruments ni de partis, nous restons entre nous et nous nous indignons entre nous », cela ne suffit bien évidemment pas. On doit les convaincre de mettre leur dynamisme et leur énergie là où il y a possibilité d'aller de l'avant ensemble, avec beaucoup d'autres personnes.

Pour un État palestinien et le respect des droits des peuples

R. M. : *Venons-en à la Palestine. Vous vous enga-gez pour les Palestiniens et pour la création d'un État palestinien et vous travaillez aussi pour le Tri-bunal Russell sur la Palestine. La Palestine est une cause d'indignation ? Pourquoi ?*

S. H. : J'étais un ami et un partisan de l'État d'Israël lorsqu'il fut créé en 1948 ; j'avais à l'épo-que un peu plus de 30 ans. Après la Shoah – expé-rience que j'ai vécue dans ma propre chair, sans en devenir une victime contrairement à beaucoup de mes amis –, je m'étais dit que nous avions besoin d'un État pour les juifs persécutés. Mais je pen-sais aussi que cet État ne pouvait pas comprendre l'ensemble de la Palestine historique, où se trou-vent aussi de nombreux Arabes, qui doivent égale-ment avoir leur État à eux.

R. M. : *Vous parlez d'« Arabes » et non de « Palesti-niens ». Pourquoi ? N'était-il pas clair à l'époque qu'on ne pouvait pas simplement parler d'« Arabes », mais qu'il y avait là des différences ?*

S. H. : La différence, c'est que l'Angleterre avait reçu un mandat, un mandat sur un territoire et non sur un peuple particulier.

R. M. : *Bon, les Anglais parlaient simplement de territoire, mais les Palestiniens se sont toujours nommés comme tels.*

S. H. : Dans les années 1940, alors que mûris-saient les plans de séparation, il n'a pas été ques-tion des Palestiniens, on n'utilisait qu'une dénomination géographique. On savait qu'il y avait déjà, à l'intérieur de ce territoire, beaucoup de juifs et de chrétiens à côté des Arabes et que, tous ensemble, ils avaient constitué auparavant une partie de l'Empire ottoman, mais on ne par-lait pas des Palestiniens. La division de la Pales-tine historique avec 55 % du territoire à Israël et 45 % aux Palestiniens me semblait être une solu-tion possible. Mais je ne savais pas que cette solu-tion était devenue un gros problème pour beaucoup de Palestiniens qui durent quitter en 1948 leurs villes et leurs villages. Ensuite vint la guerre des Six-Jours en 1967 et, depuis, Israël a adopté une conduite radicalement différente de celle qu'on peut et doit attendre d'un véritable membre démocratique de l'ONU, celle-ci ne pou-vant tolérer un pays qui en occupe un autre et le colonise au mépris des accords internationaux. Je considère que ce qu'entreprend le gouvernement israélien va directement à l'encontre des droits de l'homme et des conventions internationales. Je pense pour cette raison que nous devons aider les Palestiniens. Ils ont besoin d'une reconnaissance internationale. Il est dommage que l'initiative menée actuellement par Mahmud Abbas[20] en faveur d'une reconnaissance d'un État palestinien aux Nations unies paraisse encore difficile. Rien n'est encore à exclure. Mais nous savons déjà qu'il y a malheureusement au moins une puissance qui ne l'acceptera pas : les États-Unis. Nous avions tant espéré que l'élection de Barack Obama apporterait une nouvelle Amérique, mais jusqu'ici cet espoir reste déçu.

R. M. : *La politique de Barack Obama fut décevante pour les Palestiniens malgré le grand discours qu'il a tenu au Caire en 2009. Obama disait encore en mai 2011 à l'occasion du Printemps arabe que le changement dans les pays arabes ne pouvait être nié ; mais la Palestine était comme toujours tenue à l'écart. Évoquant la candidature de la Palestine à l'ONU, il a parlé d'une politique unilatérale qui rejetterait Israël. Combien de temps encore la Palestine pourra-t-elle être contestée en tant que peuple et en tant qu'État, combien de temps encore la* Nakba, *la « catastrophe » de 1948, comme la nomment les réfugiés palestiniens, devra-t-elle être ignorée ? Le mot* Nakba *désigne le destin d'environ 750 000 Palestiniens qui pour la plupart ont été expulsés et qui n'ont pas, comme le laisse entendre le discours officiel d'Israël, franchi les frontières de leur plein gré. Et ce qu'ont toujours mis en avant dans leurs écrits des historiens palestiniens comme Elias Sanbar, avec qui vous vous êtes récemment entretenu*[21], *ou Walid Khalidi*[22] *à propos de la destruction ou de l'évacuation de plusieurs centaines de villages palestiniens et de quartiers entiers avant et pendant la guerre israélo-arabe de 1948, à savoir qu'il ne s'agissait pas d'une fuite volontaire des Palestiniens, est maintenant confirmé par les représentants des « nouveaux historiens » israéliens.*

S. H. : Oui, Ilan Pappé[23] avec son livre *Le Nettoyage ethnique de la Palestine.*

R. M. : *Ou aussi Benny Morris*[24] *dans* The Birth of the Palestinian Refugee Problem Revisited. *Ces deux ouvrages d'histoire, comme l'ont fait entre-temps bien d'autres travaux d'origine israélienne, revisitent minutieusement ce chapitre. L'ancien ministre des Affaires étrangères et colon Avigdor Lieberman, qui qualifiait les Israéliens d'origine palestinienne de « cinquième colonne » et exigeait d'eux qu'ils prêtent serment à l'État juif, a essayé avec son parti, Israel Beytenou, de faire interdire la commémoration de la* Nakba. *La reconnaissance de la* Nakba *par Israël n'est-elle pas une condition préalable à la réconciliation entre Palestiniens et Israéliens ?*

S. H. : Oui, vous avez tout à fait raison. C'est un point fondamental. Il me semblait autrefois que la répartition de 1947-1948 avait été faite justement. Mais aujourd'hui la reconnaissance de la *Nakba* est essentielle. Il est toujours important de reconnaître des faits graves qui ont eu lieu dans l'Histoire. On doit reconnaître la *Nakba* et l'admettre.

Mais nous ne pouvons pas réparer complètement cette situation. Nous n'avons pas la possibilité, après la *Nakba*, de faire revenir en Israël tous les réfugiés palestiniens. Ce ne serait pas la bonne solution. Nous avons besoin d'un État d'Israël. Nous pouvons cependant au moins exiger que justice soit faite aussi pour les Palestiniens et que la *Nakba* soit reconnue comme un épisode grave de leur histoire. Tout doit être fait afin de trouver une solution pour les réfugiés, qui leur permette de vivre à nouveau dans la dignité et d'être respectés. C'est pourquoi il est nécessaire que le droit international soit considéré comme la base des négociations. Les résolutions du Conseil de sécurité sur la Palestine doivent être reconnues. Elles prévoient que les réfugiés soient dédommagés, elles ne prétendent pas que tous doivent revenir. Mais il est important que l'État palestinien ressemble à ce que nous avons souhaité à l'époque et à ce qui apparaît dans les résolutions du Conseil de sécurité : Jérusalem-Est comme capitale et des frontières conformes à celles de 1967. Ce sont les points principaux. D'une certaine façon, Obama s'est déjà engagé à leur propos, mais encore de manière très hésitante. La question demeure toutefois la suivante : comment peut-il y arriver s'il ne se comporte pas plus sévèrement à l'égard du gouvernement israélien ?

R. M. : *En condamnant aussi la politique de colonisation...*

S. H. : Je ne vous le fais pas dire. Oui, cela reste lettre morte actuellement. Et nous devons nous engager maintenant en ce sens.

R. M. : *Vous renvoyez toujours le conflit au Proche-Orient à l'année 1967 et à la guerre des Six-Jours. Cependant, comme nous venons de le dire, la* Nakba, *et le problème des réfugiés qui en a résulté et qui est encore douloureux aujourd'hui, est une suite du conflit né avant et pendant la première guerre israélo-arabe de 1948. J'ai l'impression que le fait que les Palestiniens n'ont pas quitté leur territoire de leur plein gré en 1947-1948, mais que la plupart ont été contraints de quitter leurs villages ou leurs villes (comme Haïfa, Jaffa, Tibériade pour ne citer que quelques exemples), a du mal à s'ancrer dans la conscience des gens. C'est quelque chose qui m'a frappé en vous entendant souvent parler de 1967.*

S. H. : En ce qui concerne la partition de 1947-1948, j'avais à l'époque le sentiment – je ne connaissais évidemment pas la Palestine à ce moment-là – qu'il existait déjà dans ce pays une population juive et qu'on devait lui donner un État afin que les juifs du monde entier puissent s'y retrouver. De telles situations se sont toujours produites au cours de l'Histoire : dès qu'un pays se crée, des individus se retrouvent dans la situation de réfugiés. Cela s'est passé en Pologne, en Allemagne, partout on a pu retrouver ce schéma, et c'est triste. On doit donc reconnaître la *Nakba* comme un événement triste, mais il n'est pas possible de revenir en arrière.

R. M. : *Il n'est pas question de revenir en arrière mais d'aller vers une reconnaissance de la Nakba et un dédommagement des réfugiés palestiniens. L'ONU, il faut le rappeler, avait prévu à l'époque que Palestiniens et juifs pourraient rester dans les États à créer.*

S. H. : Les Sud-Africains nous ont montré que la reconnaissance est un élément crucial, même si l'Histoire ne peut être refaite. On pourrait attendre la même chose d'un bon gouvernement démocratique israélien. Récemment, je me trouvais sur le pont Saint-Michel à Paris pour m'indigner : plus d'un demi-siècle auparavant, le 17 octobre 1961, des policiers français avaient jeté dans une Seine rougie par le sang des manifestants algériens du Front de libération nationale (FLN). Il fallut attendre octobre 2012 pour que ce massacre soit reconnu par les autorités françaises grâce à un communiqué de François Hollande.

R. M. : *Dans votre discours de Zurich, vous développez le scénario d'un avenir d'Israël où il n'y aurait pas nécessairement une majorité de juifs, mais où l'on pourrait aussi vivre démocratiquement avec une majorité de musulmans. Avec ces propos, vous allez dans le sens opposé de l'exigence formulée récemment par le Premier ministre Benyamin Netanyahou, qui demande aux Palestiniens de reconnaître le caractère juif de l'État d'Israël. Les Palestiniens ne peuvent satisfaire à cette exigence pour deux raisons : premièrement, les Palestiniens, musulmans et chrétiens, représentent environ 20 % de la population israélienne, et, deuxièmement, une* *solution juste et négociée du droit de retour des Palestiniens selon la résolution 194 de l'ONU serait tout de suite exclue. Un État moderne, démocratique et laïque ne doit-il pas être l'État de tous ses citoyens ?*

S. H. : La volonté de donner un foyer à la diaspora juive ne signifie pas qu'Israël ne doit être là que pour la population juive. Israël doit être un État dans lequel les juifs se sentent certes chez eux, mais qui doit être suffisamment démocratique pour pouvoir accueillir des individus de toutes orientations religieuses et venant du monde entier. C'est bien sûr le point de vue que doit avoir tout État moderne et c'est la question que devront se poser les Palestiniens lorsque l'État sera reconnu. Il est tout à fait clair que si un jour existait un État palestinien, il ne serait pas du tout impossible que des juifs vivent en Palestine. Nous aurions alors une vraie solution démocratique et internationale. J'ai toujours eu le sentiment que juifs et Palestiniens pouvaient vivre ensemble, mais actuellement les deux peuples doivent avoir chacun leur État.

R. M. : *Mais alors, selon cette formulation, il s'agirait d'États ouverts, laïques et démocratiques.*

S. H. : Exactement, c'est la déclaration dont nous avons besoin pour Israël et pour une Palestine future. Il nous faut également un tel cadre laïque pour le Soudan, la Tunisie, l'Égypte et la Libye. Partout il nous faut une société ouverte qui respecte ses membres et leurs différences. Nous devons même l'exiger encore plus d'un pays comme la France qui a beaucoup d'immigrés ! Plus d'un tiers des Français ont un grand-père ou une grand-mère originaire d'un pays étranger. Une coexistence réussie des cultures est aujourd'hui plus importante que jamais ! Pourquoi ? Parce que les individus sont devenus très proches les uns des autres à l'échelle du monde entier.

R. M. : *Mais une conscience historique du conflit au Proche-Orient et de son origine ne comprend-elle pas, parallèlement à l'obligation envers Israël, une obligation envers la Palestine ; ainsi, tant que le droit international n'est pas respecté par Israël et que persiste la colonisation, cette situation doit être soumise au débat sur le plan international plutôt que d'être tolérée par la voie du silence ?*

S. H. : Oui, c'est cela. Le comportement d'Israël envers les Palestiniens est scandaleux. Ils ne traitent pas les Palestiniens comme un peuple voisin avec lequel on a et doit avoir de bonnes relations, mais on fait comme si les Palestiniens n'existaient pas, comme si ce que les Nations unies ont toujours dit ne valait rien, à savoir : Israël doit accepter les frontières de 1967 et Jérusalem-Est doit être la capitale de la Palestine. On a sans cesse porté l'attention du gouvernement israélien sur ce point, mais il ne l'a jamais entendu. J'ai une relation très positive au judaïsme, mais il est nécessaire aussi que l'islam ait le même droit que le judaïsme d'être défendu. Nous avons besoin d'une Palestine comme État et nous avons besoin de celui-ci comme un État ami d'Israël. Dans les soixante dernières années, tant de haine s'est accumulée des deux côtés, à cause d'une politique très mauvaise, qu'il faut maintenant un nouveau départ. Il m'a semblé très intéressant de constater que des journées de la colère et de l'indignation avaient aussi lieu à Tel-Aviv sur le boulevard Rothschild.

R. M. : *Mais on ne s'est pas indigné sur la politique de colonisation.*

S. H. : Pas encore ! Mais quand les Israéliens réfléchiront aux raisons pour lesquelles ils ont des difficultés sociales et économiques et mettront en question les coûts élevés de la politique coloniale de leur gouvernement...

R. M. : *Attendez-vous aussi un printemps pour Israël ?*

S. H. : Tout à fait ! Et un tel printemps permettrait avant tout d'offrir des fleurs aux autres !

R. M. : *Ce serait bien sûr formidable mais si l'on regarde du côté du Conseil de sécurité de l'ONU, on a plutôt l'impression d'être encore en hiver. Les États-Unis ont refusé au niveau du Conseil de sécurité l'adhésion de la Palestine à l'ONU[25].*

S. H. : Notre compassion doit aller aux Palestiniens, c'est certain. Le gouvernement actuel en Israël n'a pas besoin de notre compassion, car sa manière d'agir ne la mérite pas. On doit bien faire la différence : la sympathie et la compassion pour les juifs n'ont rien à voir avec une sympathie et une compassion pour le gouvernement israélien ! Nous avons pour les juifs la plus grande sympathie et la plus grande compassion, pour leur destin qui les a menés de la douloureuse histoire des pogroms à la Shoah. Mais on doit mettre le gouvernement israélien à contribution, car Israël a une obligation. En quoi consiste-t-elle ? Elle tient au fait que le pays n'aurait jamais pu voir le jour sans le soutien des Nations unies. Et si un gouvernement – je ne parle pas de la population – fait tout pour détruire ce bon rapport, les autres nations se voient obligées de traiter cette nation comme toutes les autres.

De son côté, le peuple palestinien a été si maltraité ces quarante ou soixante dernières années que l'on reconstruit aujourd'hui des maisons en torchis dans la bande de Gaza à cause de l'embargo israélien ! Nous parlions plus tôt de la précarité croissante en Europe, mais en Palestine elle est bien sûr encore plus grave. La Palestine a besoin de la compassion du monde. Cela ne veut pas dire dans le détail que les uns ont raison, les autres tort, mais jusqu'à maintenant rien n'a été offert aux Palestiniens. Si nous continuons ainsi et n'exprimons ni notre compassion ni notre reconnaissance, nous commettrons une faute à la fois politique, philosophique et religieuse – et ce dans un contexte aussi déterminant que celui du Printemps arabe !

R. M. : *En avril 2012, Günter Grass a été violemment attaqué pour son poème* Ce qui doit être dit *dans lequel il met en garde face à la menace d'une guerre contre l'Iran et critique « le droit affirmé à la* première frappe » d'Israël, « susceptible d'effacer » le peuple iranien « sous prétexte qu'on le soupçonne, dans sa zone de pouvoir, de construire une bombe atomique »[26]. C'est pourquoi ce détenteur du prix Nobel de littérature réclame un contrôle « permanent et sans entraves du potentiel nucléaire israélien et des installations nucléaires iraniennes exercé par une instance internationale et accepté par les gouvernements des deux pays » ainsi que l'abandon de la livraison de sous-marins allemands à Israël. Je ne voudrais pas ici redévelopper ce débat et les réactions qu'il a provoquées, mais plutôt parler de ce qui a été le plus souvent ressassé pendant cette discussion en Allemagne : l'occupation par Israël, les colonies illégales en Cisjordanie, l'annexion insidieuse de Jérusalem-Est, l'embargo dans la bande de Gaza, les entorses au droit international, aux droits de l'homme et aux résolutions de l'ONU, tout cela soigneusement remis à jour et bien documenté par l'ONU, et finalement l'existence, certes non officielle mais de facto réelle, de l'arme nucléaire israélienne, que Grass veut mettre à juste titre sous surveillance internationale – y compris de l'Iran. En tant que citoyen suisse qui suit souvent, étonné, le rapport de l'Allemagne au conflit du Proche-Orient – je pense notamment au refus de l'Allemagne en 2011 de faire accéder les Palestiniens au statut d'État membre de l'Unesco, revendication infime que l'on aurait très bien pu leur concéder –, je constate que le soupçon d'antisémitisme est très courant dans ce pays dès qu'on critique le gouvernement d'Israël et sa politique extérieure portant atteinte au droit international et aux droits de l'homme. Comment interprétez-vous cela ?

S. H. : Je l'ai trouvé très courageux, Günter Grass. Il a bien sûr été fortement attaqué. Je suppose qu'il se dit que nous ne pouvons plus nous entendre avec le gouvernement israélien parce qu'il agit en dehors du cadre du droit international et que nous ne devons pas en conséquence le soutenir. N'oublions pas que certains de nos contemporains ont vécu les événements de la Seconde Guerre et que ceux-ci peuvent penser que ce que fait le gouvernement israélien pour protéger son pays et son avenir n'a pas à être critiqué même si cela déroge à ce que nous concevons tous comme le droit international. Il en est de même pour les États-Unis. Ils pensent aussi qu'ils peuvent se permettre d'intervenir quand c'est dans leur intérêt, sans respecter les accords internationaux. On ne peut que constater cet état des choses. Et il y a bien sûr en Allemagne une retenue.

R. M. : *Oui, en Allemagne, on a peur de critiquer Israël – pour les raisons historiques que l'on sait. Mais la question est de savoir si la confrontation avec le passé, qui a eu des résultats très satisfaisants en Allemagne, ne reste pas problématique sur un point : elle constitue souvent un obstacle à la nécessaire confrontation avec le présent. Très souvent, l'Allemagne n'ose pas s'exprimer contre le gouvernement israélien, et ce au détriment d'une politique extérieure commune européenne.*

S. H. : Je voudrais tout simplement dire que les Allemands, mais pas seulement eux, ont eu raison de s'acquitter de la lourde dette qu'ils avaient envers les juifs. Malheureusement, il n'a été possible de donner aux juifs persécutés ce qui leur revenait après la période dramatique de la Seconde Guerre mondiale qu'en arrachant quelque chose à d'autres. La France a une relation compliquée avec l'Afrique en raison de son passé colonial. L'Allemagne a eu aussi autrefois un empire colonial. Alors que les rapports entre Français et Africains restent encore affectés par le poids de ce passé, l'Allemagne, quant à elle, a su faire l'analyse critique de ses relations avec l'Afrique. Il en sera ainsi également avec Israël, elle surmontera un jour ce rapport affecté par le poids du passé – par ailleurs, la France ne s'est pas toujours comportée avec les juifs comme elle aurait dû le faire.

R. M. : *Il en est de même pour la Suisse, qui n'a abordé cette question que dans un passé très récent.*

S. H. : Mais à propos de cette dette historique des Allemands, il y a quelque chose de très important : c'est le droit, le *jus* ! Nous vivons dans un monde du droit, pour lequel nous avons de plus en plus de défenseurs. Il fut un temps où nous unissait tous le droit, dans les années 1990, après la chute du mur de Berlin. Prenons l'exemple de l'Irak qui avait envahi le Koweït. Nous nous sommes alors tous opposés à Saddam Hussein. Puis survint le 11 septembre 2001 et, avec le gouvernement de George W. Bush – et c'est peut-être l'élément le plus déterminant pour la diplomatie internationale –, les États-Unis ont explicitement déclaré qu'ils étaient en droit de mener le monde, avec l'ONU dans la mesure du possible, mais aussi sans elle s'ils considéraient que c'était nécessaire.

R. M. : *Oui, vous parlez de l'instrumentalisation de l'ONU par les Américains, qui annoncèrent la couleur à ceux qui ne voulaient pas les suivre : « Ceux qui ne sont pas avec nous sont contre nous ! », comme le disait George W. Bush.*

S. H. : Voilà ! C'est précisément là qu'échoue ce que j'appelle le *jus*, le droit.

R. M. : *Je voudrais revenir sur ce problème spécifiquement allemand à propos duquel vous n'avez pas complètement répondu, me semble-t-il. L'Allemagne a une dette envers Israël pour des raisons historiques. Mais si l'on veut vraiment comprendre ces raisons historiques dans toutes leurs dimensions – ce que vous recommandez d'ailleurs vous-même –, cela signifie aussi qu'il n'y a pas seulement un devoir historique de l'Allemagne envers Israël, mais qu'il y en a également un envers la Palestine, car ce foyer des juifs persécutés a été édifié à un endroit où se trouvait déjà un peuple.*

S. H. : Vous avez tout à fait raison, et c'est pourquoi nous ne devons pas baisser les bras face à Israël. Bien entendu, nous, Européens, donnons aussi de l'argent aux Palestiniens. Seulement, nous ne prenons malheureusement pas autant au sérieux la dette envers les Palestiniens que celle envers Israël. Mais je le répète, le droit international existe ! Et avec l'aide de celui-ci, nous pouvons insister pour que les Palestiniens bénéficient du même droit que les autres peuples. Quand les choses s'éloignent de la démocratie pour se rapprocher de l'oligarchie et de la tyrannie, ou quand le printemps arrive dans les pays arabes, nous devons évidemment être là et apporter notre soutien aux peuples concernés. Si nous ne le faisons pas, un sentiment de culpabilité va s'installer. Et, à juste titre, on nous dira alors que nous aurions pu faire davantage pour l'Égypte, la Tunisie et la Palestine.

R. M. : *Alfred Grosser a écrit, dans un article à propos de la discussion autour du poème de Günter Grass, qu'il dirait à des élèves allemands l'interrogeant sur l'attitude à adopter envers Israël qu'ils ne sont pas coupables mais qu'ils ont le devoir de ne pas oublier Hitler ni le IIIe Reich, qu'ils doivent défendre partout la dignité humaine, donc aussi celle des Palestiniens. Cela me semble être une bonne réponse. Que conseillez-vous aux Allemands ?*

S. H. : Le sentiment de culpabilité envers les juifs occupera l'Allemagne encore longtemps. Mais l'avenir de la relation entre l'Allemagne et le Proche-Orient et avec le monde musulman – avec l'Indonésie, la Turquie, les pays arabes –, ce sont des problèmes importants que l'Allemagne devrait en réalité régler avec l'Europe. De ce point de vue, l'idée des Français de construire une « Union de la Méditerranée », dans laquelle les Allemands sont entrés aussitôt parce qu'ils ne voulaient pas laisser ce champ aux seuls Français et Européens du Sud, n'était pas mauvaise.

La relation de l'Europe avec le monde de l'islam est une chose à laquelle on doit bien réfléchir aujourd'hui. Et l'Allemagne n'a pas moins de responsabilité que les autres pays européens. Déterminante est la question du rôle joué par le conflit israélo-palestinien dans la relation entre l'Occident et les pays musulmans. Cela vaut la peine d'y réfléchir, surtout en tant qu'Allemand. Est-ce possible, utile et important pour les Allemands d'adopter une position différente vis-à-vis de l'islam ? On doit pour cela franchir un petit pas en disant : nous ne sommes pas seulement pour Israël, nous sommes aussi pour la Palestine ! Nous nous engageons aussi bien pour les musulmans que pour les juifs et les chrétiens, et c'est précisément à cette fin que nous avons besoin d'une société mondiale dans laquelle l'Occident et l'Islam trouvent une voie commune. La conclusion pourrait donc être : nous sommes intéressés par le Printemps arabe ! Ce serait extrêmement important pour la diplomatie allemande.

Que nous apprend l'Histoire ?

R. M. : *Venons-en, pour terminer, à votre grande expérience historique. Vous pouvez porter un regard sur l'ensemble d'un siècle que vous avez vécu. Il existe ce beau titre du livre de Friedrich Nietzsche* De l'utilité et de l'inconvénient des études historiques pour la vie, *dans lequel le philosophe traite du rapport de l'homme à l'Histoire. Qu'avez-vous appris de l'Histoire ? Quel type de rapport nous conseillez-vous d'entretenir avec elle ?*

S. H. : La longue durée de ma vie me permet de constater de plus en plus que les transformations de l'histoire mondiale se font toujours plus rapidement. Lorsque j'étais un jeune garçon, on se posait des questions comme celles-ci : qu'est-ce qui appartient aux Européens du Nord ? Aux Européens du Sud ? Quels pays sont des démocraties ? Lesquels n'en sont pas ? Qui sont les Américains ? Qui sont les communistes ? Qui sont les fascistes ? C'étaient les questions d'autrefois. La question d'aujourd'hui doit être la suivante : comment pouvons-nous transformer un monde marqué par une exploitation globale en une société mondiale socialement juste et durable ? Nous devons porter toute notre attention sur la construction d'une société mondiale interdépendante et solidaire, et tout faire pour aborder les problèmes fondamentaux de l'humanité tels qu'ils nous apparaissent : l'injustice de l'inégale répartition des biens et l'injustice de notre rapport à la nature. Ces deux problèmes majeurs me semblent être le résultat d'une histoire mondiale que l'on aurait pu analyser auparavant mais que nous devons analyser maintenant. On doit ainsi se demander ce qui est essentiel. Est-ce vraiment toujours aussi important de savoir si la Russie, la Chine et l'Amérique peuvent s'entendre ou pas ? Non, ce n'est plus aussi important. La priorité est de savoir comment répartir les biens de notre planète que nous ne devons pas gaspiller, car il nous faut mettre un terme à la destruction de la nature. Les dangers fondamentaux et bien sûr aussi les espérances fondamentales de l'humanité ont fortement changé au cours de ce siècle, et ils sont précisément issus de celui-ci. Cette histoire peut visiblement autant nous servir que nous desservir.

R. M. : *Concernant tous ces problèmes qui représentent un incroyable fardeau, et la question de savoir si nous trouvons les réponses justes aux défis de notre époque, face au poids de l'Histoire, reste-t-il encore une place pour la spontanéité ?*

S. H. : Je pense que nous vivons aujourd'hui dans un monde beaucoup plus spontané qu'il ne l'a jamais été, tout en connaissant les grands dangers qui défient le monde. Nous avons évoqué les modèles pour la jeunesse, les différents problèmes et la façon dont on peut les résoudre rapidement ; il faut constater que nous avons trouvé des réponses dans l'Histoire. Nous avons choisi la démocratie comme réponse juste à l'expérience de l'oligarchie qui fut elle-même une mauvaise réponse aux questions de l'humanité ! Nous avons appris tout cela ! Aujourd'hui, ces réponses ne suffisent plus, nous sommes au seuil de nouveaux défis. J'en reviens ainsi au terme de « réforme » qui est pour moi fondamental – la « réforme de l'humanité ». Chacun, en tant que modeste membre de sa société, elle-même avec d'autres sociétés sur la voie de la société mondiale, peut réaliser une infime part de la volonté portée par cette réforme, et ce dans son environnement le plus proche. Il n'est pas indispensable de se rendre à New York et d'aller discuter au Conseil de sécurité. Une personne peut très bien être à Paris et se dire : « Ici, dans le 14ᵉ arrondissement, il y a bien peu d'arbres, nous devons faire quelque chose. » Et ces actions se généraliseront à travers l'impératif catégorique afin que toutes nos actions aient un sens commun.

R. M. : *En bref, chacun, en tant que membre de la société mondiale, a une part de responsabilité envers le monde. Mais pour cela, il nous faut évidemment aussi des institutions adéquates qui aient des prérogatives globales.*

S. H. : Nous devons effectivement tout mettre en œuvre pour renforcer les institutions qui pourraient être à la tête d'une société mondiale ! Pour résoudre des problèmes mondiaux, nous avons besoin d'institutions qui aient une portée mondiale et qui soient légitimées sur le plan international. La société mondiale, qui est en train de se constituer, nécessite des organes supranationaux évolués et placés au-dessus des souverainetés nationales. C'est pourquoi nous devons réformer au plus vite les Nations unies, et ce dans le but de les pourvoir d'une souveraineté globale qui les engage. Une société mondiale exige logiquement un gouvernement mondial ! Et nous devons pourvoir maintenant ce gouvernement mondial de tous les moyens nécessaires et le mettre en place démocratiquement.

Changer sa vie,
être un créateur

R. M. : « *Tu dois changer ta vie* » – *un vers extrait d'un poème de Rainer Maria Rilke que vous affectionnez particulièrement.* « *Tu dois changer ta vie* », *c'est la grande revendication que vous formulez face à cette crise de l'humanité. Mais qui parle de la vie parle aussi de la mort. J'ai l'impression que la mort n'est plus aussi marquante dans notre société, bien qu'elle façonne la conscience de notre existence. Ne devrait-on pas davantage l'intégrer dans notre vie, avoir une plus grande conscience de notre état de créature humaine fragile ?*

S. H. : C'est ainsi, les pensées sont libres et elles peuvent vagabonder à l'infini ! Aujourd'hui, chacun doit avoir en tête, afin de faire avancer la réforme de l'humanité et du monde, qu'il est un *créateur* [en français dans le texte] et qu'il doit résister pour créer sans cesse, et créer pour résister sans cesse. C'est ce que nous devons faire.

R. M. : *Votre réponse faustienne me fait penser à la force et à la confiance d'autres époques dont nous pourrions très bien nous inspirer. L'écrivain Oscar Wilde a dit :* « Une carte du monde qui n'inclurait pas le pays d'Utopie ne mérite pas qu'on y jette ne fût-ce qu'un coup d'œil, car c'est omettre le seul pays sur lequel l'humanité ne cesse de débarquer[27]. »

S. H. : Oui, c'est indéniable, sans idées, il est aujourd'hui impossible d'avancer.

R. M. : *À l'avis critique de l'individu frileux disant que l'idée ne correspond malheureusement pas à la réalité, vous répondez donc avec le philosophe Hegel :* « Oui et c'est d'autant plus grave pour la réalité ! » *Je crois que c'est aussi votre argument. Vous dites à ceux qui sont désemparés, timorés ou désespérés :* « Attendez, mes amis, nous n'avons d'autre choix que d'aller de l'avant, sinon nous allons droit dans le mur ! »

S. H. : Exactement. Et quand on me dit que je suis un optimiste, je précise toujours que je le suis parce qu'il n'y a d'autre voie à prendre que celle qui mène au meilleur.

R. M. : *Vous citez à plusieurs reprises le texte de Walter Benjamin* Sur le concept d'histoire. *Un ange déchu vole de catastrophe en catastrophe, les yeux effrayés et grands ouverts. Vous vous référez cependant aussi au philosophe Georg Wilhelm Friedrich Hegel qui envisageait l'Histoire comme une* « histoire du progrès dans la conscience de la liberté ». *N'y voyez-vous pas une contradiction ?*

S. H. : Mon optimisme ne dit qu'une chose : notre humanité a surmonté, ces derniers siècles, beaucoup de situations graves. Toute notre histoire est remplie de combats, de guerres et de destructions. En tant qu'individus, nous avons très mal fait nos preuves. Malgré cela, nous avons avancé et surmonté beaucoup d'embûches. Aujourd'hui, nous nous trouvons face à une situation particulièrement difficile. Nous ne pourrons plus continuer à mener les affaires du monde comme nous l'avons fait jusqu'ici. Nous serons trop nombreux pour pouvoir nous nourrir correctement. Nous sommes face à un grand nombre de dangers. Je ne suis pas assez optimiste pour dire que ces menaces sont faciles à vaincre. Mais je suis assez optimiste pour dire que c'est justement parce que ces menaces sont très difficiles à surmonter qu'elles nécessitent la participation de tous, toutes générations confondues. Et mon optimisme me dit qu'il y a en nous un potentiel, que toutes les possibilités que nous avons n'ont pas encore été épuisées. Ce n'est que si nous utilisons ces possibilités que nous pourrons peut-être surmonter les dangers qui lancent un défi à l'humanité sur la voie de la société mondiale. « Là où est le danger croît aussi ce qui sauve », a écrit Friedrich Hölderlin dans un poème.

R. M. : *Vous êtes un amoureux de poésie. Après tant de prose orale, la poésie au pouvoir ?*

S. H. : Oui ! Le discours disant que la poésie doit prendre le pouvoir est bien sûr un peu abstrait. Mais ce que je veux dire avec cela, c'est que nous avons en nous une aptitude poétique. Le mot « poésie » dérive du verbe grec *poiein* qui veut dire « créer ». Nous avons cette possibilité en nous de créer de nouveaux rapports. Nous pouvons résister contre l'humanité ancienne et montrer la voie d'une humanité nouvelle afin de créer un monde nouveau !

R. M. : *Une dernière question : que voudriez-vous laisser comme message aux indignés de cette Terre pour poursuivre le chemin ?*

S. H. : Mon message aux indignés de cette Terre serait le suivant : n'en restez pas au stade de l'indignation, mais faites preuve de responsabilité en vous engageant. Changez ce monde, éprouvez de la compassion et soyez les citoyens d'une authentique société mondiale. Tu dois changer ta vie ! Pourquoi es-tu indigné ? Parce que tu n'as pas encore changé ta vie !

Notes

Préface à l'édition française

1. Allusion au texte de Georg Büchner, *Le Messager hessois*, chapitre 1.
2. Cf. Hegel, *Principes de la philosophie du droit*, Préface.

Stéphane Hessel
Appel aux indignés de cette Terre

1. Le Tribunal Russell sur la Palestine est une organisation non gouvernementale qui s'engage pour le respect du droit international et qui examine les crimes de guerre de l'État d'Israël envers les Palestiniens. Le Tribunal a été fondé en 2009 à la suite de l'intervention militaire à Gaza. Il se réfère dans sa méthode au Tribunal Russell sur le Vietnam, créé en 1966 par Bertrand Russell et Jean-Paul Sartre. Le Tribunal Russell sur la Palestine est soutenu notamment par Boutros Boutros-Ghali (ancien secrétaire général de l'ONU), Milan Kuan (ancien président de la Slovénie), Dries van Agt (ancien

Premier ministre néerlandais), les écrivains Tariq Ali, Russell Banks, Norman Finkelstein et Eduardo Galeano, ainsi que par des personnalités comme Noam Chomsky, Johan Galtung et Jean Ziegler ou les prix Nobel Harold Pinter et José Saramago, décédés depuis.

2. Allusion au slogan « Un pour cent » du mouvement Occupy Wall Street, faisant référence à l'élite économique des États-Unis qui dispose de la plus grande part du PNB. Cette expression reprend aussi le titre d'un documentaire de Jamie Johnson (2006).

3. Jean Ziegler, né en 1934, sociologue et homme politique suisse. De 2000 à 2008, il a été rapporteur spécial auprès de l'ONU pour le droit à l'alimentation. Il est vice-président du comité consultatif du conseil des droits de l'homme des Nations unies depuis 2008.

4. Edgar Morin, philosophe français, directeur de recherches émérite au CNRS.

Discussion avec André Marty et le public zurichois

1. André Marty, né en 1965 dans le Valais en Suisse, journaliste, ancien rédacteur en chef adjoint du *SonntagsZeitung*, longtemps correspondant au Proche-Orient pour la chaîne de télévision suisse SRF.

2. Front populaire : union des partis de gauche, au pouvoir en France en 1936 pendant la IIIe République, menée par le président du Conseil de l'époque, Léon Blum.

3. Eugen Kogon (1903-1987), journaliste, sociologue et chercheur en sciences politiques. Auteur de l'ouvrage, paru en 1946 et devenu un classique, *L'État SS. Le système des camps de concentration allemands*.

4. Andrew Wellington Cordier (1901-1975), haut fonctionnaire au secrétariat général de l'ONU sous le mandat de Dag Hammarskjöld. Le Département d'État

américain le nomma à Londres en 1945 pour encadrer la création des Nations unies.

5. René Samuel Cassin (1887-1976), juriste et diplomate. Il fut l'un des neuf membres du groupe de rédaction de la Déclaration universelle des droits de l'homme de 1948.

6. Charles Habib Malik (1906-1987), philosophe libanais. Il fut l'élève de Martin Heidegger et était en contact avec Hannah Arendt. Coauteur de la Charte des Nations unies et de la Déclaration universelle des droits de l'homme.

7. Anna Eleanor Roosevelt (1884-1962), militante américaine en faveur des droits civiques et épouse du président Franklin D. Roosevelt.

8. Article 13 : « 1. Toute personne a le droit de circuler librement et de choisir sa résidence à l'intérieur d'un État. 2. Toute personne a le droit de quitter tout pays, y compris le sien, et de revenir dans son pays. »

9. Susan George, née en 1934 à Akron, Ohio, écrivaine et spécialiste des sciences politiques, a été vice-présidente d'Attac France entre 1999 et 2006. Elle vit en France.

10. Ennahda est un parti islamiste tunisien. Lors des élections à l'assemblée constituante d'octobre 2011, il est devenu le premier parti du pays.

11. Amira Hass, née en 1956 à Jérusalem, est une journaliste israélienne qui vit à Ramallah. Elle est l'auteure de plusieurs livres et est correspondante du quotidien israélien libéral *Haaretz*. Elle a été lauréate du prix Reporters sans frontières en 2009.

12. Michel Warschawski est né à Strasbourg en 1949 ; fils d'un grand rabbin, c'est un journaliste et militant israélien pour la paix. En 1984, il fonde le Centre d'information alternative (AIC), composé de militants israéliens et palestiniens pour la paix : www.alternativenews.org

13. Avigdor Lieberman, né en 1958, colon et ministre des Affaires étrangères israélien issu de la droite

ultranationaliste. Il a démissionné le 14 décembre 2012. Après ses déclarations sur le processus de paix, il a déclenché une vague d'indignation au plan international.

14. Aipac, acronyme pour American Israel Public Affairs Committee, est un lobby pro-israélien.

15. J Street est un groupement d'intérêt citoyen américain créé en 2008. Son objectif est le règlement pacifique et diplomatique du conflit au Proche-Orient. Il demande une réorientation de la politique américaine afin que celle-ci mette l'accent sur la diplomatie, et non plus sur la confrontation militaire.

16. John Maynard Keynes (1883-1946), économiste britannique. Il a donné son nom au keynésianisme, qui privilégie le dirigisme de l'économie nationale et l'État-providence grâce à une politique des dépenses publiques et à une politique fiscale.

17. Milton Friedman (1912-2006), économiste américain influent, d'inspiration libérale, père du néolibéralisme. Dans son ouvrage de référence, *Capitalisme et Liberté* (1962), il soutient une minimisation du rôle de l'État dans l'économie et une privatisation maximale de tous les intérêts économiques.

18. André Malraux (1901-1976), écrivain et homme politique français. Il conduisit sous de Gaulle, jusqu'en 1969, le ministère des Affaires culturelles. Cette citation lui est attribuée par erreur.

19. Francis Fukuyama, né en 1952 à Chicago, est un politologue américain. Il a notamment écrit *La Fin de l'histoire et le dernier homme* (1992) et *Confucius et l'économie de marché : le conflit des cultures* (1995).

20. Janusz Korczak (1878-1942), médecin polonais, auteur de livres pour enfants et grand pédagogue. Il fut assassiné au camp de concentration de Treblinka, où il avait délibérément suivi deux cents enfants d'un orphelinat dont il s'occupait dans le ghetto de Varsovie et qu'il a ainsi accompagnés dans la mort.

21. La citation originale est la suivante : « Si je savais quelque chose qui me fût utile, et qui fût préjudiciable à ma famille, je la rejetterais de mon esprit. Si je savais quelque chose utile à ma famille, et qui ne le fût pas à ma patrie, je chercherais à l'oublier. Si je savais quelque chose utile à ma patrie, et qui fût préjudiciable à l'Europe, ou bien qui fût utile à l'Europe et préjudiciable au genre humain, je la regarderais comme un crime », Montesquieu, *Mes Pensées*, n° 741, in *Pensées et Le Spicilège*, R. Laffont/Bouquins, 1994.

Ayez de la compassion !
Au seuil de la société mondiale

1. Roland Merk a publié, en collaboration avec des écrivains algériens et tunisiens, *Arabesques de la révolution. Jours de colère à Tunis et au Caire...* (Édition 8, 2011 – en allemand), recueil de textes littéraires sur la révolution en Tunisie et en Égypte.
2. Samuel Phillips Huntington (1927-2008), professeur de sciences politiques et écrivain. Il fut conseiller auprès du ministère américain des Affaires étrangères jusqu'en 1998. Son ouvrage le plus célèbre est *The Clash of Civilizations and the Remaking of World Order*, paru en France en 1997 sous le titre : *Le Choc des civilisations*.
3. Stéphane Hessel, *Tous comptes faits... ou presque*, éditions Pocket, 2012.
4. Martin Buber (1878-1965), philosophe issu d'une famille juive autrichienne. Son ouvrage *Je et Tu* (1919), l'une de ses œuvres les plus connues, a pour objet le dialogue dans les relations humaines.
5. Emmanuel Levinas (1905-1995), philosophe français selon lequel la relation humaine est essentiellement déterminée par la prédominance du face-à-face.
6. Maurice Merleau-Ponty (1908-1961), philosophe français. Son œuvre s'intéresse au rôle du corps à

travers lequel l'homme apprend sur lui-même et sur le monde.

7. Kant, *Fondation de la métaphysique des mœurs*, traduction d'Alain Renaut, Flammarion, coll. « GF », 1994.

8. Richard Rorty (1931-2007), philosophe américain, est considéré comme le représentant du néo-pragmatisme. L'un de ses ouvrages les plus connus est *Contingence, ironie et solidarité*, paru en France en 1993.

9. Hans Jonas (1903-1993), philosophe allemand. Son ouvrage principal est *Le Principe responsabilité*, paru en 1979 en Allemagne et qui eut un large écho dans la société allemande.

10. Hans Jonas, *Le Principe responsabilité*, traduction de Jean Greisch, Flammarion, coll. « Champs », 2008.

11. Collegium international, *Le monde n'a plus de temps à perdre. Appel pour une gouvernance mondiale solidaire et responsable*, Les liens qui libèrent, 2012.

12. La « télé-technique », selon Jacques Derrida, désigne un conglomérat de techniques dont le moment commun est d'élargir les frontières de l'existence et de les repousser.

13. Günther Anders (1902-1992), philosophe autrichien. *L'Obsolescence de l'homme* est son ouvrage majeur, paru en deux tomes.

14. Cf. Dalaï-lama et Stéphane Hessel, *Déclarons la paix ! Pour un progrès de l'esprit*, Indigène éditions, 2012.

15. Pierre Mendès France (1907-1982), homme politique français, secrétaire d'État aux Finances de Léon Blum en 1936, président du Conseil sous la IVe République en 1954-1955. Il participa activement à la Résistance française et fut nommé par de Gaulle ministre de l'Économie du Gouvernement provisoire en 1944. À partir des années 1950, il dirigea le retrait d'Indochine, d'Algérie, de

Tunisie et du Maroc et soutint l'intégration européenne. Après son retrait de la vie politique, il demeura la figure morale de l'intégration de la France. Il influença par la suite François Mitterrand.

16. Mary Robinson, née en 1944. De 1990 à 1997, elle fut la première femme présidente de la République d'Islande avant de devenir haut-commissaire des Nations unies aux droits de l'homme jusqu'en 2002.

17. Franklin Delano Roosevelt (1882-1945), homme politique américain, membre du Parti démocrate, il fut le 32ᵉ président des États-Unis de 1933 à sa mort. À la suite du krach boursier de 1929 qui mena à la Grande Dépression, il misa sur une politique d'interventionnisme de l'État dans l'économie. Le New Deal, son programme socio-économique, déboucha sur des réformes économiques durables.

18. Naomi Klein, née en 1970, journaliste et auteure canadienne, militante altermondialiste. Elle a écrit le livre *La Stratégie du choc : la montée d'un capitalisme du désastre* (2008). Elle s'oppose à Milton Friedman et à l'école de Chicago. Selon elle, les idées néolibérales ont été introduites à la suite de chocs économiques (ainsi qu'après des défaites militaires ou des catastrophes naturelles) afin d'éliminer l'État-providence et de mettre en place des mesures de privatisation. Elle prend comme exemples l'économie populaire du Chili sous Pinochet, de la Grande-Bretagne sous Margaret Thatcher, la Russie de Boris Eltsine ou l'Irak après l'invasion américaine où, selon N. Klein, la politique néolibérale de George W. Bush a même été au-delà des revendications de Milton Friedman avec la privatisation des troupes de mercenaires.

19. Colin Crouch, né en 1944, politologue britannique. Il publie en 2004 l'ouvrage *Post-Democracy*, dans lequel il définit la « post-démocratie » comme « une communauté dans laquelle on organise toujours des

élections, élections qui peuvent même contraindre des gouvernements à changer mais dans laquelle des équipes concurrentes d'experts en communication contrôlent si strictement les débats pendant la campagne électorale que ceux-ci se transforment en pur spectacle où l'on ne discute plus que d'une série de problèmes choisis au préalable par les experts en question. La majorité des citoyens ne joue plus alors qu'un rôle passif, silencieux et apathique. À l'ombre de cette mise en scène politique, la politique réelle se fait à huis clos par des gouvernements élus et des élites qui défendent avant tout des intérêts économiques ». Dans le même ouvrage, Crouch reproche au néolibéralisme la chose suivante : « Plus l'État renonce à assister la vie des gens normaux, les laissant tomber dans une apathie politique, plus les groupements économiques – plus ou moins insidieusement – le transforment en un libre-service dont ils sont les bénéficiaires. La naïveté fondamentale de la pensée néolibérale réside dans son inaptitude à reconnaître ce phénomène. »

20. Mahmud Abbas, né en 1935 à Safed en Galilée, homme politique palestinien à la tête du mouvement Fatah. Il est président de l'Autorité palestinienne et secrétaire général de l'Organisation pour la libération de la Palestine (OLP).

21. Cf. Stéphane Hessel et Elias Sanbar, *Le Rescapé et l'Exilé* (2012). Elias Sanbar, né en 1947 à Haïfa, historien palestinien. Il a fondé la *Revue d'études palestiniennes* et a traduit Mahmoud Darwich en français ; il est ambassadeur de la Palestine auprès de l'Unesco. Il a publié notamment *Palestine 1948, l'expulsion* (1984) et *Figures du Palestinien : Identité des origines, identité de devenir* (2004).

22. Walid Khalidi, né en 1925 à Jérusalem, historien palestinien, professeur à Harvard et à Princeton. *All That Remains: The Palestinian Villages Occupied and*

Depopulated by Israel in 1948, paru en 1992, est son ouvrage majeur.

23. Ilan Pappé, né en 1954 à Haïfa, représentant des « nouveaux historiens » israéliens, professeur à l'université d'Exeter. Ses principaux ouvrages : *The Making of the Arab-Israeli Conflict, 1947-1951* (1992) et *Le Nettoyage ethnique de la Palestine* (2008).

24. Benny Morris, né en 1948, représentant des « nouveaux historiens » israéliens. Son ouvrage majeur : *The Birth of the Palestinian Refugee Problem Revisited* (2004).

25. Depuis l'écriture du texte, la Palestine est devenue État observateur à l'ONU, le 29 novembre 2012, mais elle n'en est toujours pas membre. Les États-Unis, Israël et quelques autres pays ont exprimé leur opposition à ce statut – l'Allemagne s'est abstenue du vote tandis que la France a soutenu la Palestine.

26. Traduction d'Olivier Mannoni, *Le Monde* 5 avril 2012.

27. Oscar Wilde, *L'Âme de l'homme sous le socialisme*, traduction de Jean Gattégno, Gallimard, Bibliothèque de la Pléiade, 1996.

À propos du collectif Roosevelt 2012

Pour pousser la gauche à l'audace, Stéphane Hessel, Pierre Larrouturou, Susan George et Edgar Morin ont créé le collectif Roosevelt 2012, autour de 15 propositions concrètes pour sortir de la crise et impulser une nouvelle donne, à l'image de Roosevelt en 1933.

Pour plus d'information :
www.collectif-roosevelt.fr.

Table des matières

10592

Composition
FACOMPO

Achevé d'imprimer en Slovaquie
par NOVOPRINT SLK
Le 20 janvier 2014

Dépôt légal : janvier 2014
EAN 9782290075616
L21EPLN000703N001

ÉDITIONS J'AI LU
87, quai Panhard-et-Levassor, 75013 Paris

Diffusion France et étranger : Flammarion